THOMAS CORNEILLE
&
JEAN DONNEAU DE VISE

LA DEVINERESSE,

OU LES FAUX ENCHANTEMENS

Édition présentée, établie, et annotée par

Julia Prest

MODERN HUMANITIES RESEARCH ASSOCIATION
2007

Published by

The Modern Humanities Research Association
1 Carlton House Terrace
London SW1Y 5DB

First published 2007

ISBN 978-0-947623-74-6

ISSN 1746-1642

Copies may be ordered from www.criticaltexts.mhra.org.uk

MODERN HUMANITIES RESEARCH ASSOCIATION

CRITICAL TEXTS

VOLUME 12

Editor
MALCOLM COOK
(*French*)

THOMAS CORNEILLE
&
JEAN DONNEAU DE VISE

LA DEVINERESSE,

OU LES FAUX ENCHANTEMENS

à la famille Méridiano

Table des Matières

Remerciements

Je tiens à remercier Malcolm Cook et Gerard Lowe, qui ont répondu à mes nombreuses questions techniques avec humour et humeur, et une promptitude exemplaire. Un grand merci à Jennie Row, qui a tapé une première version du texte de la pièce, et à Fabien Cavaillé et Jan Clarke, qui ont pris le temps de commenter mon Introduction. Je remercie aussi Maryn Stockman, qui m'a signalé l'image que nous reproduisons en première de couverture.

Introduction

La Devineresse, ou les faux enchantemens (1679) fut d'une actualité brûlante. Inextricablement liée à l'histoire de l'Affaire des Poisons (nous y reviendrons), la pièce lui doit son succès éclatant. Le 19 novembre 1679, la compagnie théâtrale de l'Hôtel Guénégaud en donna la première représentation, inaugurant une série de représentations exceptionnellement longue et réussie, jusqu'au 10 mars 1680.[1] Si elle n'est pas un grand chef d'œuvre, *La Devineresse* occupe néanmoins une place importante dans l'histoire culturelle de la France. Elle met en lumière un moment historique crucial où rien moins que l'autorité de Louis XIV est en jeu, ainsi qu'une période où le théâtre cherche sa voie après la mort de Molière. Elle met au jour les préoccupations de la société contemporaine en même temps qu'elle satisfait à ses goûts pour le spectacle. Avant d'aborder la pièce elle-même, nous allons donc la situer d'abord dans son contexte théâtral, puis dans son contexte historique.

Contexte théâtral

La mort subite de Molière le 17 février 1673 marque un tournant dans l'histoire du théâtre français. Sans son directeur et auteur principal, la troupe du Palais-Royal (c'est-à-dire celle de Molière) se retrouve dans une position de vulnérabilité. Le soutien qu'avait apporté Louis XIV à Molière depuis la querelle de *l'École des femmes* semble avoir déjà diminué cette année-là: *Le Malade imaginaire*, à la différence de toutes ses autres comédies-ballets,

---

[1] Cette série compte pas moins de quarante-sept représentations consécutives. H. Carrington Lancaster écrit au sujet de la part des recettes qui revient aux auteurs, « the author's share of the proceeds was over 5600 francs, the largest ever paid, as far as I can determine, for a seventeenth-century play » – voir *A History of French Dramatic Literature in the Seventeenth Century*, 4e partie, II (Baltimore, MD: Johns Hopkins Press, 1940), p. 920. On joua la pièce à la Comédie Française (formée en octobre 1680) assez régulièrement jusqu'en 1739, mais seulement pour de très petites séries de représentations. Voir Thomas Corneille et Jean Donneau de Visé, *La Devineresse ou les Faux Enchantements* dans *Théâtre du XVIIe siècle*, III, éd. par Jacques Truchet et André Blanc, Bibliothèque de la Pléiade (Paris: Gallimard, 1992), p. 1099 et H. Carrington Lancaster, *The Comédie Française 1680-1701: Plays, Actors, Spectators, Finances* (Baltimore, MD: Johns Hopkins Press, 1941), passim.

n'a pas sa première représentation devant le roi et sa cour (elle ne sera jouée pour la première fois à la cour qu'en 1674). En même temps (ce n'est pas une coïncidence) l'ex-collaborateur musical de Molière, Jean-Baptiste Lully (1632-1687), qui est très puissant à la cour et veut poursuivre le nouveau genre de l'opéra français, cherche à renforcer son monopole sur toutes les productions théâtrales qui contiennent de la musique.[1] La mort de Molière consolide la position de Lully et affaiblit celle de la troupe du Palais-Royal. Dans les semaines qui suivent, quelques membres de la troupe la quittent en faveur de leurs concurrents de l'Hôtel de Bourgogne, puis Lully s'empare du théâtre du Palais-Royal pour y monter ses opéras. Les membres qui restent essaient de recruter de nouveaux acteurs et de trouver une nouvelle salle. Le groupe s'installe finalement dans le théâtre qui se trouve face à l'entrée de la rue Guénégaud (entre la rue Mazarine et la rue de Seine), qui est muni d'une quantité de machines propices aux effets théâtraux spectaculaires. Le théâtre du Marais, qui souffre aussi des manœuvres de Lully, ferme et la plupart des acteurs – ainsi que leurs nombreuses machines – passent à la nouvelle troupe du Guénégaud.[2] La réunification par ordre du roi en octobre 1680 de la troupe du Guénégaud avec la troupe de l'Hôtel de Bourgogne marquera la fondation de la Comédie Française.

La Troupe de l'Hôtel Guénégaud propose un répertoire théâtral assez varié (mais les pièces de Molière restent les plus populaires) et profite de ses capacités spectaculaires en montant un bon nombre de pièces à machines. Genre baroque, la pièce à machines met en valeur les changements de décor, l'emploi du deus ex machina, les sujets mythologiques et surtout le spectacle. C'est l'opéra italien, introduit en France par Mazarin vers la fin des années 1650 qui fait goûter aux Français une profusion d'appareils mécaniques, mobiles et surtout aériens, et qui lance la mode de ce genre de spectacle. Et ce sera l'opéra français, à partir des années 1670, qui reprendra cette tradition. Nos deux auteurs, Thomas

---

[1] La partition du *Malade imaginaire*, écrite par Marc-Antoine Charpentier, en a souffert. Voir John Powell « Charpentier's Music for Molière's *Le Malade imaginaire* and Its Revisions », *Journal of the American Musicological Society* 39 (1986), 87-142.

[2] Pour plus d'informations sur le processus de réunification des deux troupes, voir Jan Clarke, *The Guénégaud Theatre in Paris (1673-1680), Volume One: Founding Design and Production* (Lewiston, NY: Edwin Mellen Press, 1998), pp. 3-54.

Corneille (1625-1709) et Jean Donneau de Visé (1638-1710) écrivent vraisemblablement quatre nouvelles pièces à machines pour la troupe de l'Hôtel Guénégaud: *Circé* (1675) *L'Inconnu* (1675),[1] *Le Triomphe des Dames* (1676) et *La Devineresse* (1679), dont deux (*Circé* et *La Devineresse*) font venir le grand public rue Guénégaud. Si on considère *La Devineresse* comme une pièce à machines, c'est à cause de l'emploi de certains appareils comme la trappe (d'où sort le frère de Mme Jobin, déguisé en diable en V. 5), ou bien les zigzags[2] qui tombent du plafond en I. 15. Les autres trucages comme le bassin d'eau ou le jeu de miroirs sont plutôt des accessoires, mais la distinction reste imprécise.

En ce qui concerne la part qu'eut chaque auteur dans la composition du texte, Donneau de Visé en parle dans son article nécrologique sur Thomas Corneille à l'occasion de la mort de celui-ci en 1710:

> Je fis un grand nombre de Scenes qui auroient pu fournir la matiere pour trois ou quatre Piéces;[3] mais qui ne pouvoient former un sujet, parce qu'il étoit trop uniforme. [...] Je lui [à Thomas Corneille] donnai mes Scenes, & il en choisit un nombre, avec lesquelles il composa un sujet, dont le nœud parut des plus agréables. (*Mercure galant*, janvier 1710, pp. 281-82)

Thomas Corneille écrit en tout une quarantaine de pièces et contribue à tous les genres dramatiques majeurs de l'époque : comédies, tragédies, tragi-comédies, pièces à machines, pièces en musique .... Son plus grand succès est la tragédie *Timocrate* qui date de 1656. Connu aujourd'hui surtout pour sa version en vers du *Dom Juan* de Molière, *Le Festin de Pierre*, il est considéré de son vivant comme un très important dramaturge. Thomas Corneille

---

[1] P.J. Yarrow nous rappelle que *L'Inconnu* contient une référence à la Voisin. Voir Thomas Corneille et Donneau de Visé, *La Devineresse*, Textes littéraires 4, éd. par P.J. Yarrow, (Exeter: University of Exeter Press, 1971), p. x.

[2] Zigzag: "Petite machine composée de plusieurs rangs de tringles plattes disposées en sautoir ou losenge [sic], cloüées et mobiles tant dans le centre que par les extremitez, en telle sorte qu'elle s'allonge par un des bouts, ou se retire, selon qu'on manie les deux branches par où on la tient" (Antoine Furetière, *Dictionaire universel*, 1690).

[3] Etant donné le grand succès de *La Devineresse*, il n'est pas impossible que Donneau de Visé grossisse sa propre contribution.

semble vouloir imiter son frère aîné (le célèbre Pierre Corneille a dix-neuf ans de plus que lui) en toutes choses: il épouse la sœur de la femme de celui-ci et prend sa place à l'Académie Française après sa mort.

Son associé est Jean Donneau de Visé, auteur de nouvelles, de quelques pièces de théâtre, mais surtout fondateur et directeur du journal le *Mercure galant*.[1] En 1663, Donneau de Visé se lance dans la querelle de *L'École des femmes* quand il attaque la pièce et son auteur dans ses *Nouvelles nouvelles*. Sa pièce *Zélinde, ou la Véritable Critique de l'École des femmes* (1663) est, comme son titre l'indique, une réponse à *La Critique de l'École des femmes* (1663) de Molière, tout comme sa *Réponse à l'Impromptu de Versailles* (1663) se reporte à une autre pièce de celui-ci. Molière semble ne pas avoir tenu rancune à son adversaire car il choisit plus tard de monter quelques-unes de ses pièces. En ce qui concerne *La Devineresse*, sa création au sens large du terme est sans doute l'œuvre des deux hommes: Thomas Corneille est un auteur de théâtre adroit mais c'est Donneau de Visé qui sait sauter sur les occasions et en tirer le maximum de profit.[2] Sa position de directeur du *Mercure galant* lui offre l'opportunité de faire la publicité de sa propre pièce dans les pages de son journal.[3] Il ne manque qu'un scandale pour assurer le succès de la pièce: l'Affaire des Poisons remplira cette fonction à merveille.

---

[1] Fondé en 1672, le *Mercure galant* est suspendu en 1674. Le journal est rétabli en 1677 sous le nom du *Nouveau Mercure galant*. Il reste toujours sous la direction de Donneau de Visé qui prend Thomas Corneille comme associé.

[2] Selon l'article nécrologique sur Thomas Corneille, ce seraient les acteurs de la troupe du Guénégaud qui auraient demandé aux auteurs (et non le contraire) de leur fournir une pièce à ce sujet (voir *Mercure galant*, janvier 1710, pp. 281-82).

[3] D'autres manœuvres notables de la même campagne sont la publication en 1680 d'une grande planche gravée intitulée « La Comédie de la Devineresse » contenant un calendrier (Almanach pour l'an bissextil MDCLXXX), et d'une gravure intitulée *La Devineresse ou les faux enchantemens*. Le premier inclut, entre autres images, huit médaillons qui représentent différentes scènes de la pièce; le second, beaucoup plus petit, montre seulement quatre scènes de la pièce mais fait paraître aussi un portrait de la Voisin. Voir E.T. Dubois, D.W. Maskell et P.J. Yarrow, « L'Almanach de la Devineresse », *Revue d'Histoire du théâtre* 32 (1980), 216-19. Truchet note aussi la publication de la part du libraire Blageart (éditeur du *Mercure galant* et de *La Devineresse*) sous forme d'une feuille volante d'un poème qui fait de la réclame pour la pièce (voir Truchet, pp. 1098-99n).

Contexte historique: L'Affaire des Poisons

Ce qu'on appelle « l'Affaire des Poisons » n'est ni la simple histoire d'une série d'empoisonnements (réels ou supposés) ni celle d'une chasse aux sorcières (réelles ou supposées).[1] Son statut ambigu est en partie dû au moment historique: la fin du dix-septième siècle en France est marquée par la révolution scientifique, mais nous sommes aussi vers la fin de la période qu'on a si judicieusement nommée « the witch craze ».[2] Le parlement de Paris ne juge plus personne pour sorcellerie, mais l'explication qu'en donnent les rédacteurs du *Mercure galant* en mai 1679 suggère un lien encore étroit entre empoisonnement et sorcellerie dans l'imaginaire contemporain:

> Le venefice peut-estre divisé en deux especes. L'un est du simple Poison employé pour faire mourir quelqu'un, & l'autre quand l'invocation du Démon donne de la force à quelque venin caché. C'est par là que le Parlement de Paris ne punit pas les Sorciers comme Sorciers, mais seulement comme Empoisonneurs, parce que tout le mal qu'ils font n'est que l'effet des venins que leur fournit le Démon pour exercer leurs méchancetez. (pp. 198-99)

Comme nous l'avons montré ailleurs, loin d'exclure le surnaturel, ce rapport démontre malgré lui que l'existence même du surnaturel (ou la possibilité de son existence) nécessite sa reclassification.[3] Néanmoins, le fait est que les accusés sont jugés non pour les rapports qu'ils auraient, ou non, eus avec l'occulte, mais pour leurs crimes terrestres.

Il est difficile de mettre le doigt sur le tout début de l'Affaire des Poisons. Certes, le procès de la marquise de Brinvilliers (1630-1676), recherchée depuis sa fuite en 1672, suivi de son exécution (elle fut décapitée puis brûlée) en 1676, marque

---

[1] Madame de Sévigné est parmi les premiers (peut-être la première ?) à parler explicitement de « l'Affaire des Poisons », une formule qu'elle emploie pour la première fois dans une lettre du 9 février 1680 et qui est depuis devenue canonique (vol. 2, p. 603).

[2] Le terme désigne la période la plus intensive de chasse aux sorcières et de procès en sorcellerie en Europe. Voir Hugh Trevor-Roper, *The European Witch Craze of the Sixteenth and Seventeenth Centuries* (New York: Harper & Row, 1969).

[3] Voir Julia Prest, « Silencing the Supernatural: *La Devineresse* and the Affair of the Poisons », *Forum for Modern Language Studies*, Special Issue (octobre 2007).

une étape importante vers le moment historique qui nous intéresse. La marquise fut condamnée pour avoir empoisonné son père et ses deux frères et avoir tenté plusieurs fois d'empoisonner son mari. C'est son amant, Sainte-Croix, un prétendu alchimiste, qui fut son complice principal et qui enferma dans une cassette, ouverte après sa mort en 1672, une série de documents et de fioles qui serviront de preuves convaincantes contre la marquise. Les mobiles de la marquise sont des plus classiques: l'argent et l'amour (ce sont deux thèmes qui apparaîtront dans l'affaire même et, d'une façon plus atténuée, dans notre pièce). D'un côté, elle veut assurer son héritage et, de l'autre, elle veut bénéficier d'une certaine liberté sexuelle qui est, formellement du moins, refusée aux femmes. Elle est motivée aussi par un esprit de vengeance envers son père (et ses frères qui l'avaient soutenu), qui avait enfermé Sainte-Croix dans la Bastille quand la marquise avait refusé de rompre avec lui. Cette histoire est particulièrement choquante pour le public pour plusieurs raisons. Si le meurtre est toujours choquant, l'empoisonnement l'est d'autant plus parce qu'il s'agit d'une méthode secrète, sournoise et difficile à déceler. De plus, cette pratique abominable est associée aux Italiens et non aux Français. Le sexe et le statut social de la coupable choquent aussi: qui eût cru qu'une femme serait capable de tels crimes, et qui plus est une femme de la haute société? Trois ans plus tard, quand l'Affaire des Poisons éclate, on n'a pas encore oublié l'histoire sordide de la marquise, mais on ne s'attend toujours pas aux révélations et aux accusations sordides qui seront faites.

Entre le supplice de la marquise de Brinvilliers et les évènements qui eurent lieu entre 1679 et 1682 (les dates reconnues de l'Affaire des Poisons) un public devenu suspicieux a tendance à soupçonner d'empoisonnement chaque cas de mort inattendue. Entre temps, on cherche toujours à influencer le cours de sa vie par les moyens les plus variés. Nous savons quelle est l'importance de l'influence personnelle à Versailles: courtiser le roi, ou un de ses proches, peut occasionner des avantages financiers, un avancement politique, un titre convoité ou un mariage avantageux, et parfois les quatre en même temps. Les désirs de certains sont plus modestes: gagner au jeu ou trouver des objets perdus. Un moyen traditionnel de tenter d'assurer son succès est bien sûr de s'adresser à Dieu par la voie de la prière. Un autre, de plus en plus populaire chez les personnes de qualité, est de consulter un devin ou, le plus souvent, une devineresse. Au niveau étymologique, le terme désigne, bien sûr, quelqu'un qui devine ou prédit l'avenir. Mais le travail d'une devineresse englobe, selon l'individu et les demandes/besoins de sa clientèle, certaines pratiques plutôt anodines comme le tirage des cartes ou la vente de breuvages supposés aphrodisiaques, ainsi que d'autres beaucoup plus inquiétantes comme l'avortement clandestin ou la préparation de poisons mortels.

Il n'est pas difficile de saisir les possibilités pécuniaires de cette profession (certaines devineresses devinrent assez riches) ainsi que la tentation de duper ses clients afin de les contenter et de les faire revenir. Il n'est pas difficile non plus de comprendre comment on peut passer de ce qu'on pourrait appeler la magie blanche (une petite incantation pour se faire aimer) à ce qu'on pourrait appeler la magie noire (une autre incantation pour souhaiter la mort de quelqu'un).[1] La ligne de démarcation, comme celle qui sépare la science de la superstition à cette époque, peut être assez fine aussi bien pour une devineresse que pour ses clients. Un individu va d'abord essayer la prière, ce qui constitue déjà un appel en quelque sorte au surnaturel, puis, si cela n'aboutit pas au résultat escompté, il passera peut-être à une autre forme de magie blanche. Si besoin y est, il aura ensuite recours à la magie noire. Certaines devineresses sont donc impliquées dans des pratiques de sorcellerie (laquelle est définie par Furetière comme un « art magique, qui emprunte le secours et le ministere du Diable ») voire de sacrilège (une messe noire). S'il est question de faire mourir quelqu'un, on peut se borner au poison sans passer par la magie. Ou bien, pour en être sûr, on peut tout essayer à la fois afin d'avoir toutes ses chances. Pour certains, tous les moyens sont bons.

Suite à une série d'empoisonnements présumés vers la fin des années 1670, un certain nombre d'individus sont arrêtés puis jugés par le Parlement de Paris. Parmi les premiers est une devineresse nommée Magdelaine de La Grange, soupçonnée d'avoir empoisonné son amant, et qui est arrêtée en février 1677,

---

[1] La distinction entre magie noire et magie blanche est sujet à controverse. Dans le *Dictionaire universel* (1690) nous trouvons les définitions suivantes: « MAGIE BLANCHE, est un art qui fait les mêmes effets [des choses surprenantes et merveilleuses] par l'invocation des bons Anges. » « MAGIE BLANCHE, est un art innocent de faire des choses extraordinaires par la connoissance des secrets de la nature, que le peuple croit ne se pouvoir faire que par le pouvoir des Demons. » « MAGIE NOIRE, est un art detestable, qui emploie l'invocation des Demons, et se sert de leur ministere pour faire des choses au-dessus des forces de la nature. » Notons la différence entre les deux définitions de la magie blanche. S'agit-il des anges ou bien des secrets de la nature?

interrogée, jugée, puis pendue en 1679. Son complice, un certain Abbé Nail, subit le même sort. La Grange avait soutenu que la vie du roi était en danger – chose que l'on ne pouvait pas ignorer. Les enquêtes se poursuivent et deux devineresses, Marie Bosse et Marie Vigoureux sont arrêtées en janvier 1679, soupçonnées de trafics de poison. Pendant les interrogatoires, Marie Bosse parle souvent de celle qui allait devenir (si elle ne l'était pas déjà) la plus célèbre devineresse de Paris: Catherine Deshayes, femme d'un certain Antoine Montvoisin qu'elle aurait tenté d'empoisonner plusieurs fois. La Voisin habite entre Paris et Saint-Denis, et on l'arrête le 12 mars 1679 au moment où elle sort de la messe.[1] Quelques jours plus tard, son ancien complice (qui est aussi son ex-amant), un homme qui a pris le nom de « Lesage », est arrêté. Les détenus s'entre-accusent tout en élargissant l'étendue de l'enquête. On parle d'hommes, et surtout de femmes, de qualité et loin de s'apaiser, donc, l'affaire s'envenime au fur et à mesure que le nombre et le rang de suspects augmentent. Afin de minimiser le scandale public et de traiter, du moins en théorie, les futurs suspects riches et bien apparentés avec la même impartialité que les autres, Louis XIV créa en avril 1679 une commission spéciale pour s'occuper de l'affaire.[2] La Chambre de l'Arsenal, surnommée la Chambre Ardente (elle est illuminée par des torches), jugera sans appel sous la direction de Nicolas de La Reynie, lieutenant général de la Police.

La Voisin est interrogée de manière périodique entre le mois d'avril 1679 et son exécution le 22 février 1680.[3] En même temps, d'autres détenus, notamment Lesage, continuent à l'accuser de multiples crimes et d'avoir eu des rapports avec certaines personnes de qualité. Lesage soutient, par exemple, que la Voisin s'était rendue plusieurs fois au château de Saint-Germain-en-Laye

---

[1] Elle n'était pas forcément hypocrite: il n'est pas incompatible de croire en Dieu *et* au diable – tout au contraire.

[2] La validité morale, aussi bien que légale, de la Chambre Ardente reste ambiguë.

[3] Il ne faut jamais oublier que les témoignages des personnes interrogées sont fort discutables. Il est clair que certains accusés (y compris la Voisin) continuèrent à ajouter de nouveaux faits et de nouveaux noms afin de faire reculer la date de leur exécution. Une grande partie des « preuves » est basée sur des aveux obtenus sous la torture ou immédiatement après le relâchement de celle-ci. Toutes les affirmations ne s'accordent pas et même les individus se contredisent assez régulièrement. La vérité de ce qui s'est réellement passé reste encore incertaine.

en 1675, et qu'à cette époque elle s'attendait à gagner une grosse somme d'argent pour un projet très dangereux. Elle aurait été en rapport avec l'entourage de Madame de Montespan, notamment avec Mlle des Œillets qui, elle, avait eu des relations sexuelles avec le roi-même. La Voisin, de son côté, dénonce la Duchesse de Vivonne (belle-sœur de Mme de Montespan), la Comtesse de Soissons[1] qui aurait voulu empoisonner Louise de La Vallière (la première maîtresse en titre de Louis XIV), et sa sœur, la Duchesse de Bouïllon qui aurait voulu empoisonner son propre mari.[2] La Voisin explique qu'elle craignait que la vie de Louis XIV ne fût en danger. Un dilemme se pose: comment poursuivre des accusations contre de tels personnages sans courir le risque de compromettre toute la cour et le roi lui-même? Comment réclamer la justice si elle ne s'applique pas de façon universelle? Pour le moment, Louis XIV insiste sur l'importance de poursuivre l'enquête sans épargner personne.

Pendant son procès en février 1680, le témoignage de la Voisin est peu rassurant. Elle insiste sur l'existence de tout un réseau de vendeurs de poisons à Paris, qui servent des clients des deux sexes et de tous les rangs sociaux, qui veulent tous se défaire de quelqu'un. Elle reconnaît avoir eu part, avec son associé, Mme Lepère et la fille de celle-ci, à environ 10,000 avortements clandestins. Elle reconnaît aussi avoir eu part à quelques empoisonnements et insiste sur ses rapports avec certaines dames de cour. La Chambre Ardente la juge coupable de multiples crimes et la condamne à mort après une séance de torture. Elle est brûlée vive le 22 février 1680. Mme de Sévigné en fournit une description assez détaillée:

> Elle vint en carrosse de [la prison de] Vincennes à Paris ; elle étouffa un peu, et fut embarrassée ; on la voulut faire confesser, point de nouvelles. A cinq heures on la lia; et avec une torche à la main, elle parut dans le tombereau,

---

[1] Une nièce du Cardinal Mazarin, elle avait été aimée par le roi pendant leur jeunesse. Lors du mariage de Louis avec Marie-Thérèse en 1661, elle avait pris la position convoitée de Surintendante de la Maison de la Reine. En janvier 1680, elle apprend qu'elle a été dénoncée et prend la fuite.

[2] Selon Mme de Sévigné, « La duchesse de Bouillon alla demander à la Voisin un peu de poison pour faire mourir un vieux mari qu'elle avoit qui la faisait mourir d'ennui, et une invention pour épouser un jeune homme qui la menoit sans que personne le sût » (II, p. 591, 31 janvier 1680).

habillée de blanc ; c'est une sorte d'habit pour être brûlée ; elle étoit fort rouge, et l'on voyoit qu'elle repoussoit le confesseur et le crucifix avec violence. [...] A Notre-Dame, elle ne voulut jamais prononcer l'amende honorable, et à la [place de la] Grève elle se défendit, autant qu'elle put, de sortir du tombereau: on l'en tira de force, on la mit sur le bûcher, assise et liée avec du fer; on la couvrit de paille; elle jura beaucoup; elle repoussa la paille cinq ou six fois; mais enfin le feu s'augmenta, et on l'a perdue de vue, et ses cendres sont en l'air présentement. (II, p. 617, 23 février, 1680)

Sévigné termine son récit avec une observation perspicace (on hésite à dire prophétique): « Voilà la mort de Mme Voisin, célèbre par ses crimes et par son impiété. On croit qu'il y aura de grandes suites qui nous surprendront » (II, p. 617).

Il est encore question de la Voisin même après sa mort, notamment dans la bouche de sa propre fille, Marie-Marguerite Voisin, âgée alors de 21 ans. De son côté, Lesage ne se prive pas de l'opportunité de continuer à dénoncer la Voisin, et le moment où il insiste sur un lien entre celle-ci, un certain Abbé Guibourg et une mystérieuse dame de qualité est particulièrement important. Ses accusations sont en partie corroborées par l'Abbé Guibourg lui-même, qui aurait servi d'officiant aux messes noires dont il est question. Au cours des interrogatoires, un nom choque plus que tous les autres: celui de Madame de Montespan, ancienne maîtresse de Louis XIV et mère de plusieurs de ses enfants.[1] Marie-Marguerite vient à déclarer que Mme de Montespan, une cliente de la Voisin depuis quelques années, lui avait demandé non seulement des philtres aphrodisiaques pour séduire le roi, mais avait aussi recours aux messes noires afin de regagner son amour au prix même de la vie de ses nouvelles maîtresses. Son corps nu aurait servi d'autel à une cérémonie dont le point culminant était un breuvage de sang chaud d'un nouveau né (ou d'avorton) avalé par l'officiant ou par Mme de Montespan en personne. Face à l'échec de ses projets, elle aurait même parlé d'empoisonner Louis XIV.

---

[1] Notons qu'en 1668, pendant le procès d'un prêtre appelé Mariette et le même Lesage dont il est question pendant l'Affaire des Poisons, Mariette avait nommé Madame de Montespan comme un de leurs clients. Voir Anne Somerset, *The Affair of the Poisons: Murder, Infanticide and Satanism at the Court of Louis XIV* (Londres: Weidenfeld & Nicolson, 2003), p. 275.

Le roi se trouve face à un dilemme des plus délicats. La Chambre Ardente est suspendue pendant un temps considérable (du 30 septembre 1680 au 18 mai 1681) pour lui laisser le temps de réfléchir.[1] Entre-temps, La Reynie poursuit son enquête. Louis prend conseil auprès de quelques personnalités éminentes qui sont mises au courant par un dossier spécial qui avait été préparé. Au printemps 1681, Louis XIV organise une série de quatre réunions avec Louvois (ministre de la guerre), Le Tellier (chancelier de France et père de Louvois), La Reynie (lieutenant général de la police) et Colbert (contrôleur général des finances). Chaque réunion dure pas moins de quatre heures. Après y avoir mûrement réfléchi, le roi décide de poursuivre l'enquête mais de supprimer tous les témoignages contre Mme de Montespan. Pour ce faire, il a fallu abandonner toute idée de procès contre Marie-Marguerite Montvoisin, Lesage et Guibourg, entre autres. Il compromet donc la justice et l'autorité du système légal (qui ne sont pas parfaitement équitables, admettons-le) afin d'imposer sa propre autorité, d'abriter la réputation – déjà ternie – de sa cour, et, on peut le supposer, de protéger une femme qu'il avait aimée et qui lui avait donné plusieurs enfants. La Chambre Ardente reprend donc ses séances mais il n'est plus question de Mme de Montespan. D'autres individus qui n'ont aucun rapport avec celle-ci sont jugés, et un grand nombre sont condamnés. On tente de conclure l'enquête et les arrestations, interrogations et exécutions prennent fin. Les détenus qui restent, y compris quelques hommes et femmes de cour qui n'ont pas été jugés pour raison d'Etat, sont enfermés à vie. En ce qui concerne les témoignages contre l'ancienne maîtresse du roi, Louis XIV veut faire en sorte que les documents compromettants ne figurent pas dans l'histoire, encore moins dans l'Histoire. Il attend la mort de La Reynie qui ne vient qu'en juin 1709. Un mois plus tard, le roi brûle les documents en question. Mais il a sous-estimé son lieutenant général de Police, car

---

[1] Petite anecdote fascinante pour ceux qui s'intéressent, comme nous, à la pièce: pendant la suspension de la Chambre Ardente, Louis XIV assiste, le 6 février 1681, à une représentation privée de *La Devineresse* à son château de Saint-Germain. Ceci est d'autant plus significatif que c'est la seule pièce à laquelle le roi assiste pendant cette période. Voir Jan Clarke, « *La Devineresse* and the *Affaire des Poisons* », *Seventeenth-Century French Studies* 28 (2006), 221-34 (p. 233). On se demande bien quelle a pu être l'attitude du roi quand il regardait cette pièce à ce moment-là. Y rit-il ?

on découvre au milieu de dix-neuvième siècle qu'il en avait fait des copies.[1]

Ainsi prit fin un épisode historique extraordinaire qui s'approcha fort d'une chasse aux sorcières et d'une crise d'hystérie collective, et qui avait démontré, surtout, la précarité de la position de Louis XIV. Si le roi a pu imposer sa volonté au moment critique, la réputation de la cour et de la France en a déjà souffert. A ce sujet, Mme de Sévigné écrit « cela fait horreur à toute l'Europe, et ceux qui nous liront dans cent ans plaindront ceux qui auront été témoins de ces accusations » (II, p. 588, 29 janvier 1680), et qu'« il n'y a guère d'exemples d'un pareil scandale dans une cour chrétienne » (II, p. 592, 31 janvier 1680). Le roi a le pouvoir de limiter les dégâts mais non de les faire entièrement disparaître. L'aspect le plus scandaleux de l'Affaire des Poisons est la part jouée par des individus qui sont étonnamment et dangereusement proches du roi. L'aspect le plus effrayant est la possibilité du meurtre; le plus sinistre, par contre, est le nombre de fois où le surnaturel a été invoqué, surtout dans le contexte des sortilèges et des messes noires. Afin d'imposer des règlements stricts sur la vente du poison et de discréditer le travail des devins et de leurs collègues « sorciers », « sage-femmes » etc., et surtout pour insister sur l'inexistence d'un surnaturel (du moins d'un surnaturel maléfique), le gouvernement, représenté par Colbert et Le Tellier, et le roi signèrent à Versailles un édit en juillet 1682.[2] Dans celui-ci il est question seulement de « prétendues magies », de la « vaine profession de devins, magiciens, sorciers au autres noms semblables ». Plus subtilement, nous remarquons que les fautifs dans ces cas-là sont moins les charlatans que leurs clients « ignorants et crédules ».

La Devineresse, ou les faux enchantemens (1679)

Quel peut être le rapport entre une pièce comique et cette histoire abominable? Commençons, en suivant l'exemple de Truchet (p. 1096), par noter à quel point la pièce est, au niveau des

---

[1] Les registres de la Chambre Ardente furent publiés par François Ravaisson-Mollien dans ses *Archives de la Bastille*, IV-VII (Paris: Durand & Pedone-Lauriel, 1870-74).

[2] Voir Robert Mandrou, *Magistrats et sorciers en France au XVIIe siècle* (Paris: Plon, 1968), pp. 478-82.

dates, imbriquée dans l'Affaire, et surtout dans le procès de la Voisin:

- Le 12 mars 1679: la Voisin est arrêtée

- Le 17 avril 1679: première séance de la Chambre Ardente

- Août 1679: la campagne publicitaire pour la pièce est lancée dans le *Mercure galant*[1]

- Le 19 novembre 1679: première représentation de *La Devineresse*

- Novembre 1679: le *Mercure galant* contient une critique de *La Devineresse*

- Le 14 février 1680: la pièce est publiée

- Le 22 février 1680: la Voisin est exécutée

- Le 10 mars: dernière représentation de *La Devineresse*[2]

J'insiste sur l'importance de la campagne publicitaire dans le *Mercure galant* non seulement pour souligner l'opportunisme des auteurs-éditeurs, mais surtout parce que la façon dont elle est faite me semble assez révélatrice. Sans parler directement de ce qui se passe dans la Chambre Ardente dont les détails exacts restaient secrets, ils font appel aux inquiétudes de leurs lecteurs-spectateurs tout en prétendant les instruire et les rassurer. Le journal contient plusieurs histoires où il est question du surnaturel et le point de vue qui y est appuyé est certainement celui du sceptique qui n'y croit pas. Mais les auteurs-éditeurs sont astucieux et y laissent juste assez d'ambiguïté pour qu'un léger doute persiste dans l'esprit du lecteur-spectateur. Le rapport de *La Devineresse* est moins ambigu. Dans la critique enthousiaste (mais non tout à fait neutre) publiée après la première représentation de celle-ci, les auteurs-éditeurs

---

[1] A la chronologie de Truchet, j'ajoute cet évènement qui me semble très important ainsi que la date de la critique de la pièce dans le même journal au mois de novembre.

[2] Notons aussi que pendant cette période, les recettes de la pièce baissent et montent selon l'intérêt porté par le public au procès de la Voisin. Voir Clarke, *The Guénégaud Theatre*, II.

insistent également sur son utilité didactique et sur son côté divertissant:

> Les Desintéressez ont trouvé dans cette Piece tout ce que le Titre leur en promettoit, & ils ne se sont pas seulement divertis aux Scenes plaisantes dont elle est remplie, mais ils ont dit hautement que la représentation n'en pouvoit estre que fort utile, puis qu'elle détrompe les Foibles. (Novembre 1679, pp. 336-37) [1]

Ainsi invoquent-ils un des grands thèmes de l'époque: instruire en divertissant.

Au sujet de la pièce, Poirson fait une distinction utile entre d'un côté, la démystification de la sorcellerie en général et, de l'autre, la dédramatisation de l'affaire-même (p. 185). Truchet la décrit comme un exemple de « l'appui fréquemment apporté par le théâtre du XVIIe siècle à l'action gouvernementale » (p. 1094). Il a certainement raison de souligner le fait qu'elle soit en accord avec le point de vue officiel du gouvernement au sujet du surnaturel et de la duperie: *La Devineresse* nous apprend, en effet, que les soi-disant devins, sorciers etc. ne sont que des charlatans qui profitent de la crédulité de leurs clients – un point de vue qui sera, comme nous l'avons vu, renforcé par l'Ordonnance de 1682 (l'Ordonnance reprend même une phrase de Mme Jobin qui parle de sa « prétendue magie » dans III. 7). D'ailleurs, ils y insistent lourdement tout au long de la pièce. Mais il est probable que les auteurs sont motivés moins par le désir de soutenir le gouvernement, que par l'envie de profiter d'un moment exceptionnel où, selon Mme de Sévigné « on ne parle d'autre chose dans toutes les compagnies » (II, p. 592, 31 janvier 1680). Les auteurs (surtout Donneau de Visé, qui est opportuniste par profession) auraient compris que, puisqu'il s'agit d'une affaire très délicate, il ne faut surtout pas provoquer les autorités. Inspirée par les évènements de l'Affaire des Poisons, et surtout par la fascination qu'y prête le public, la pièce nous en propose une version hautement atténuée, une version rassurante aussi bien pour le public que pour le gouvernement. D'une histoire contemporaine

---

[1] Pour une discussion plus détaillée de cette campagne publicitaire du *Mercure galant* voir Julia Prest « Silencing the Supernatural ».

sordide et angoissante, les auteurs firent donc une pièce comique, légère et divertissante.[1]

Le décalage entre les deux est le plus manifeste dans le cas du protagoniste. Mme Jobin, dont le nom fait clairement référence à celui de la célèbre la Voisin, profite de la notoriété de celle-ci, mais ne lui ressemble finalement pas beaucoup.[2] Toutes les deux sont « devineresses », mais deux types de devineresses très différents. Avec la Voisin il est question d'empoisonnements, de messes noires, d'infanticides et de débauches sexuelles, tandis que Mme Jobin pratique tout simplement la tromperie et la fraude qui sont, rappelons-le, deux piliers du genre comique. Yarrow en parle dans les termes suivants :

> Mme Voisin a donc été transformée en fourbe, en une espèce de Mascarille ou de Scapin; aussi ingénieuse que les valets de Molière, elle n'est guère plus méchante. Elle attrape l'argent de ses clients par des moyens peu scrupuleux, il est vrai; mais ce qui frappe surtout, c'est son habileté à tourner les obstacles, à éluder les difficultés, à deviner les désirs, les secrets, les sentiments de ses clients, c'est son esprit fertile en expédients. (p. xvii)

Le diable avec qui elle communique n'est pas Lucifer, mais un procureur fiscal ! La pièce se termine même avec un mariage en vue (la résolution comique par excellence): ayant appris l'artifice de Mme Jobin (qui, payée par une amante du Marquis, soutenait qu'un tel mariage était voué à l'échec), le Marquis et la Comtesse n'ont plus aucune raison de ne pas poursuivre leur bonheur.

Ceci dit, il est clair qu'un grand nombre de détails inclus dans la pièce font écho à l'Affaire des Poisons. Le triangle amoureux composé de la Comtesse, du Marquis et de Mme Noblet et qui sert de fil conducteur à la pièce, rappelle à plusieurs égards quelques intrigues véritables et dans lesquelles le poison est

---

[1] En ce qui concerne le choix de faire une comédie de cette histoire tragique, il faut noter aussi que la tradition théâtrale veut que les sujets contemporains soient traités uniquement dans le genre comique. La tragédie porte en général sur des sujets anciens.

[2] Son nom évoque peut-être aussi « jobard », qui veut dire crédule jusqu'à la bêtise – un attribut qu'elle sait exploiter chez ses clients.

impliqué. [1]   Bref, la plupart des clients de Mme Jobin sont, comme dans la vie réelle, des femmes qui cherchent à prendre le contrôle de leur vie. [2]   Mme Noblet semble compter sur Mme Jobin pour la mort imminente de son mari et la conjure même, « n'épargne rien, ie te prie, ma chere Mme Jobin » (II. 1). Mais en tant que lecteur ou spectateur privilégié, nous savons que, quand Mme Jobin dit « ie prens l'affaire sur moy, & tost ou tard je la feray réüssir » elle compte surtout sur la chance et sur le temps (plus elle attend, plus il y a de chances que le mari meure naturellement) et non sur un empoisonnement ou un sortilège quelconque. Ce qui est intéressant dans le cas de Mme Noblet, c'est que, tout en cherchant de l'aide auprès de Mme Jobin, elle est, partiellement du moins, consciente de cela.   Comme elle l'explique au Marquis, « Mon Mary est vieux, & quoy que je le perde avec douleur, il y a un ordre dans la Nature, & suivant cet ordre il doit mourir avant moy » (III. 2). [3] Mme de la Jublinière veut, elle aussi, savoir si elle sera bientôt veuve, mais il suffit d'un couvercle d'urne cassée pour la contenter. La femme, complice de Mme Jobin, qui souffre d'une mystérieuse enflure du corps que Mme Jobin réussit à faire passer dans le corps de quelqu'un d'autre fait écho à la pratique de l'avortement clandestin dont la plus célèbre intermédiaire est, bien sûr, la Voisin. Maturine y fait sans doute référence quand elle pose la question rhétorique suivante: « Qu'est-ce qu'on croiroit, si on me voyoit un ventre comme le vostre » (II. 11). Mais finalement le ton ici reste léger, et le fait que l'enflure passe dans le corps d'un homme (autre complice) qui veut de suite la passer à une autre victime rend la situation ridicule.

De la jeune paysanne qui cherche un produit pour faire pousser ses seins à la référence au papier charmé, tous ces éléments, comme l'a bien montré Clarke, ont une bonne base dans

---

[1] Clarke cite Mme Poulaillon, qui aimait le soi-disant marquis de la Rivière; la future Mme Philbert qui était déjà mariée quand elle tomba amoureuse du flûtiste de ce nom; Mme Leféron qui aurait empoisonné son premier mari, et Mme Dreux qui aimait le marquis de Richelieu (« La Devineresse », p. 226).

[2] Pour en savoir plus sur la condition féminine à cette époque, voir Wendy Gibson, *Women in Seventeenth-Century France* (Basingstoke: Macmillan, 1989) et Roger Duchêne, *Être femme au temps de Louis XIV* ([Paris]: Perrin, 2004).

[3] Mme Noblet n'hésite pas non plus à faire remarquer à la devineresse qu'elle a en quelque sorte manqué à sa parole: « Vous m'avez assurée il y a longtemps que mon vieux Mary mourroit avant qu'il fust peu » (II. 1).

la réalité hors du théâtre. Même la femme qui veut devenir un homme peut être considérée comme une incarnation métaphorique de ce que cherchent toutes les autres femmes: être homme signifie surtout avoir le contrôle de sa propre vie. Ainsi les clients de Mme Jobin cherchent plus ou moins les mêmes résultats que ceux de la Voisin, mais les moyens sont différents. L'habileté de Mme Jobin repose uniquement sur un bon réseau d'espions, d'assistants adroits, beaucoup de chance et surtout la crédulité de sa clientèle. Elle-même le dit quand elle explique sa méthode à son frère:

> Les Sorcelleries dont on m'accuse, & d'autres choses qui paroistroient encor plus surnaturelles, ne veulent qu'une imagination vive pour les inventer, & de l'adresse pour s'en bien servir. C'est par elles que l'on a croyance en nous. Cependant la Magie & les Diables n'y ont nulle part. L'effroy où sont ceux à qui on fait voir ces sortes de choses, les aveugle assez pour les empescher de voir qu'on les trompe. Quant à ce qu'on vous aura dit que je me mesle de deviner, c'est un Art dont mille Gens qui se livrent tous les jours entre nos mains, nous facilitent les connoissances. D'ailleurs, le hazard fait la plus grande partie du succés dans ce Mestier. Il ne faut que de la présence d'esprit, de la hardiesse, de l'intrigue, sçavoir le monde, avoir des Gens dans les Maisons, tenir Registre des incidens arrivez, s'informer des commerces d'amouretes, & dire sur tout quantité de choses quand on vous vient consulter. Il y en a toûjours quelqu'une de veritable, & il n'en faut quelquefois que deux ou trois dites ainsi par hazard, pour vous mettre en vogue. (II. 2)

Les soi-disant pouvoirs des devineresses dans la vie réelle devaient compter aussi sur ces mêmes choses. Mais parfois elles ajoutaient quelque chose de plus, dont le plus efficace est sans doute le poison.

Un aspect intéressant est la suggestion que la tromperie de Mme Jobin est tout aussi impressionnante et peut-être même tout aussi efficace que si elle pratiquait la vraie sorcellerie. Sceptique, la Marquise reconnaît en s'adressant à Mme Jobin que « quand vous tromperiez, vous sçauriez toûjours beaucoup, puis que vous sçauriez tromper d'habiles Gens » (II. 10). Plus tard quand elle commence vraiment à y croire (ayant assisté à l'épisode de l'enflure qui passe d'un corps à un autre devant ses yeux), la Marquise revient sur la même idée: « j'en suis immobile d'étonnement, & quand ce seroit un tour d'adresse, à quoy il n'y a pas d'apparence, je vous admirerois autant de l'avoir fait que si tout l'Enfer s'en estoit meslé » (II. 13). Le marquis, quant à lui, reconnaît aussi que l'art de la tromperie exige une grande habileté quand il presse Mme Jobin: « avoüez-moy que vostre plus grande science est de sçavoir bien tromper. Je vous en estimeray encor davantage » (III. 11). En ce qui concerne l'efficacité de ses procédés, le cas du Chevalier et de la Marquise en est le meilleur exemple: c'est en trompant la Marquise par l'entremise de Mme Jobin que le Chevalier réussit à la convaincre de l'épouser. Du Clos n'a donc pas entièrement tort quand il lui fait remarquer dans la toute première scène de la pièce: « Si vous n'estes pas Sorciere, vous avez l'esprit de la paroistre, & c'est plus que si vous l'estiez en effet ». Le paraître serait plus important que l'être.

En ce qui concerne le prétendu but de la pièce, le théâtre semble, comme le suggère Truchet, être un moyen propice pour débattre de l'emploi de l'illusion et pour révéler la tromperie de la part des charlatans. Dans un sens, le genre lui-même illustre le pouvoir trompeur des apparences. En allant au théâtre, on donne implicitement son consentement à être dupé par une série d'illusions. Mais ne serait-ce pas en quelque sorte à double tranchant? La démystification de l'emploi du trucage « magique » ou de la machine théâtrale est en conflit intrinsèque avec le fondement même du théâtre. Le théâtre, par définition, nous propose surtout des illusions que le public est censé accepter comme étant réelles pendant la durée de la représentation (la fameuse suspension volontaire de l'incrédulité). Dans une pièce comme *La Devineresse* (et la plupart des pièces dites « baroques » – je pense à l'exemple par excellence qu'est *L'Illusion comique* de Pierre Corneille), le spectateur est témoin de la fausseté du processus illusoire et du fonctionnement de l'illusion, et *en même temps* témoin (ou, si on veut, victime) du triomphe de ce même processus. *La Devineresse* tourne précisément sur cette tension. Pièce à machines atypique, ce n'est pas, comme l'a bien remarqué Nicholas Paige, un deus ex machina qui impose l'ordre à la fin, mais un être humain: l'intrépide Marquis avec son pistolet.[1] Pour Paige, *La Devineresse* est « une pièce anti-théâtrale » et nous ne devons pas donc nous étonner du fait que « la pièce à machines la

---

[1] Nicholas Paige, « L'affaire des poisons et l'imaginaire de l'enquête de Molière à Thomas Corneille », *Littératures Classiques* 40 (2000), 195-208 (p. 199).

plus rentable du siècle, fut aussi quasiment la dernière » (p. 201).[1]
A ce sujet, il est intéressant de rappeler ce qu'ont dit les auteurs
dans leur avis au lecteur sur leur emploi de machines :

> Quant au Spéctacle, il n'y a point esté mis pour faire
> paroistre des Ornemens,[2] mais comme absolument
> nécessaire, la plûpart des Devineresses s'estant servies de
> Bassins pleins d'eau, de Miroirs, & d'autres choses de
> cette nature, pour abuser le Public. (p. 31 dans la
> présente édition)

Le côté spectaculaire des tours d'adresses de Mme Jobin
apporterait, sinon la vérité, du moins une certaine vraisemblance à
son personnage et à la pratique de son métier afin de mieux
illustrer la fausseté de celle-ci. Mais le paradoxe inhérent au théâtre
persiste: si celui-ci est, comme le métier de devineresse, faux,
comment peut-on faire confiance à ses leçons? En fin de compte, le
Marquis qui révèle la soi-disant vérité ne serait-il pas aussi suspect
que Mme Jobin par le fait qu'ils sont tous les deux l'œuvre de
Thomas Corneille et Donneau de Visé, et tous les deux joués par
des acteurs?

Laissons de côté ces paradoxes fascinants et insolubles
pour aborder le texte de la pièce en lui-même. Toute l'action se
déroule chez Mme Jobin, pendant deux jours. La structure est celle
d'une pièce à tiroirs, c'est-à-dire épisodique, et le texte est en
prose. Au cours des cinq actes, Mme Jobin reçoit chez elle une
série de personnes qui viennent la consulter sur un sujet ou sur un
autre. Le triangle amoureux mentionné ci-dessus fournit un
important élément structural à la pièce, ainsi que l'opposition entre
la devineresse qui vante son succès au début et le Marquis qui
triomphe à la fin. Au niveau de l'intrigue et des personnages,
l'intérêt de la pièce tourne, bien sûr, autour de la devineresse du
titre qui est rarement hors scène. Mme Jobin nous fascine surtout
parce que sa vie comporte une série de tensions qu'elle gère avec
une souplesse remarquable. Stable et établie, sa réputation doit

---

[1] Paige nous rappelle qu'avec *L'Inconnu*, Thomas Corneille (et probablement
Donneau de Visé) avaient déjà mis en question la fonction de la machinerie au
théâtre, commentant ainsi « le potentiel séducteur du spectacle » (p. 202).

[2] Cette première déclaration est sans doute de mauvaise foi, car il est clair que les
auteurs, ainsi que les acteurs de la troupe du Guénégaud, voulaient profiter de
l'intérêt que le public théâtral continuait à porter envers le spectacle.

être maintenue ; en même temps il ne faut pas que le public soit trop bien renseigné sur ses méthodes, réelles ou non. Mme Jobin commande à Mr Gilet tout simplement de « n'en parle[r] à qui que ce soit » (I. 11). Dans le cas du Chevalier (qui est complice de la duperie de sa bien-aimée Marquise), on insiste sur le fait que le succès de Mme Jobin la « met dans une réputation incroyable » (IV. 3), et sur le fait que le Chevalier doit garder le secret de la base illusoire de ce même succès. Elle repose également sur la renommée et le secret. Quand Mme Jobin demande à la Comtesse de ne pas parler publiquement de ce qu'elle fait parce qu' « [elle] n'aimeroi[t] pas qu'on dist dans le Monde qu'[elle] [s]e mesle de plus que de regarder dans la main » (I. 6), il s'agit de la question épineuse du travail effectué par les devineresses. Comme nous l'avons vu, leurs pratiques pouvaient varier énormément, et Mme Jobin veut jouer de sa réputation en fonction du client à tromper. Souvent quand elle parle de son peu de pouvoir, Mme Jobin fait preuve de fausse modestie. Le moment clé où elle en parle de façon sincère est quand elle veut convaincre son propre frère de son manque absolu de pouvoir surnaturel (II. 2). De même, quand elle invoque l'aspect mystérieux de son travail, c'est souvent pour gagner plus d'argent ou en imposer encore plus au client qui semble y croire. Pendant son entretien avec Mme de Troufignac, par exemple, Mme Jobin vante son pouvoir, en disant « je fais des choses qui meritent un peu plus d'étonnement que de vous avoir dit des bagatelles » (V. 3). Le moment s'avère pourtant ironique, car quelques lignes plus tard, Mme Jobin va se sentir obligée de refuser la demande de celle-ci et de reconnaître, exceptionnellement, son incapacité totale à lui accorder ce qu'elle veut.

C'est autour de Mme Jobin que tourne le thème central du rapport entre voir et croire. La plupart du temps, Mme Jobin fait appel à l'idée de croire ses yeux afin de tromper ses clients. Mais quand elle a pour but de convaincre son frère que tout ce qu'elle fait n'est qu'une illusion, elle a recours au même argument: « vos yeux vous éclairciront de la verité » (II. 2). Le cas de la Marquise est le plus intéressant à cet égard. Sceptique, la Marquise dit au sujet de la femme que Mme Jobin prétend désenfler, « je le croiray, quand je l'auray vû » (II. 11). Mme Jobin relève le défi et fait en sorte de désenfler Dame Françoise devant ses yeux. La Marquise ne sait pas comment réagir et commence à douter de ses yeux: « Qu'ay-je vû ? Est-ce que mes yeux m'ont trompée ? » (II. 13). Mais finalement, ayant vu ce qu'elle espérait voir pour elle-même (son

20

amant soupirant et fidèle), elle se fie aux apparences, faisant le commentaire suivant « je n'en doute point apres ce que vous m'avez fait voir » (II. 13).[1] Elle a vu, elle a voulu, donc elle a cru.[2] Mme Jobin se sert aussi de la peur en fonction des exigences du moment. Au sujet du surnaturel, elle maintient parfois qu'il n'y a rien à craindre et parfois, tout au contraire, que ce qu'elle compte faire sera très effrayant. La plupart du temps, elle cherche à entretenir la peur de son client en même temps qu'elle semble le rassurer. Souvent elle insiste également sur la nécessité de ne pas avoir peur ou, au moins, de ne pas montrer sa peur, ce qui a pour effet, bien sûr, de l'augmenter. Mme Jobin se sert de cette méthode surtout dans le cas de la Comtesse et, de façon encore plus sadique, de Mme de Clerimont.

Plus ludique qu'autre chose en ce qui concerne ces deux femmes, la question de la peur devient cruciale quand il s'agit du Marquis qui veut voir le diable. Au cours de la pièce, Mme Jobin se rend compte que le Marquis risque de menacer sa crédibilité. Plus il lui semble dangereux, plus elle compte sur sa capacité à lui faire peur. A maintes reprises, elle le prévient qu'il risque d'avoir peur: « Vous pourriez bien avoir peur vous-mesme » (III. 6) ; « De plus hardis que vous ont eu peur » (III. 11) ; « Vous en mourriez de frayeur » (III. 11) ; « il est certain que vous aurez peur » (V. 5). Son insistance sur la peur probable du Marquis démontre sa propre inquiétude envers la possibilité, de plus en plus grande, d'être découverte. Lors de ses entretiens avec ses complices entre temps, Mme Jobin continue à s'interroger sur l'intrépidité du Marquis. A ce sujet, elle se révèle indécise: « Je croy que nostre Marquis n'en sera pas moins effrayé » (III. 8) ; « Il aura repris du courage depuis hier » (IV. 8) ; « Je suis fort trompée si le Marquis a l'assurance de revenir » (IV. 9) ; « Le Marquis, tout tremblant qu'il a esté du Corps par morceaux, pourroit revenir » (V. 1) ; « La peur le prit hier, & le prendra encor aujourd'huy ; mais quand il s'aviseroit de faire le Brave, nous ne risquons rien » (V. 1). Tandis que la manipulation de la peur évoque l'habileté de Mme Jobin, son insistance, et surtout ses incertitudes, au sujet du Marquis

---

[1] Nous sommes, bien sûr, d'autant plus portés à croire ce que nous voulons croire.

[2] Peut-être est-il significatif qu'à la fin de la pièce la Comtesse apprend la vérité par ses oreilles et non par ses yeux? Comme elle l'explique à Mme Jobin: "Nous avons tout entendu" (V. 6).

démontrent qu'elle est en train de perdre le dessus. La série de tensions sur laquelle sa vie est fondée va bientôt s'écrouler.

Outre son personnage principal, ses rapports avec l'Affaire des Poisons et ses multiples trucages, ce qui marque dans *La Devineresse* est son commentaire implicite (et parfois explicite) sur la condition de la femme, surtout en ce qui concerne le mariage. Comme nous l'avons déjà remarqué, la majorité des clients de devineresses étaient des femmes. Dans la pièce, c'est le personnage du Marquis qui, plus que n'importe qui d'autre, introduit une dichotomie entre les hommes et les femmes. Il pense que la préférence qu'exprime Mme Jobin pour les clients femmes (« Que n'amenez-vous quelque Demoiselle? J'en aimerois mieux dix qu'un seul Laquais » I. 6)[1] est due au fait que les femmes sont plus crédules que les hommes (« Tout ce que vous estes de Femmes, elle vous fait donner dans le panneau » III. 2). Et il est vrai qu'en général les personnages masculins ont plus tendance à douter de Mme Jobin que les personnages féminins. Mais ne serait-ce pas aussi parce que quelque part les femmes ont plus besoin d'y croire? Les mêmes raisons qui les poussent à consulter une devineresse au départ les font espérer. Puisque d'autres chemins (comme le divorce) leur sont quasiment inaccessibles, celui qui est proposé par une devineresse *doit* marcher. Une lettre écrite par le soi-disant marquis de la Rivière à sa future épouse après la mort de la Voisin est, malgré son humour mal placé, assez révélatrice au sujet de la condition féminine :

> Dieu fasse miséricorde à feu Mme Voisin! Elle avait de grands vices, mais elle était toute pleine de petits secrets pour les femmes, dont les hommes lui savaient gré: par exemple, elle grossissait les tétons,[2] rapetissait les bouches[3] et rajustait les honnêtes filles[4] à qui il était arrivé accident.[5]

---

[1] Dans cette scène, Mme Jobin parle spécifiquement des laquais, qui sont selon elle « de petits esprits qui jasent de tout ».

[2] Voir *La Devineresse* II. 5.

[3] Voir *La Devineresse*, III. 9.

[4] Voir *La Devineresse*, II. 11.

[5] Cité dans Georges Mongrédien, *Madame de Montespan et l'Affaire des Poisons* (Paris: Hachette, 1953), p. 71.

Comme nous le savons, le devoir de la femme était d'être belle et attirante selon les critères de beauté de l'époque, et de rester vierge jusqu'à son mariage. Dans la pièce, comme dans la vie, il est aussi question de la dot apportée par la femme. Plus elle est riche, mieux c'est.

Au sujet du mariage, l'attitude de Mme Jobin est plutôt éloquente. Lors de son entretien avec Mlle du Buisson en I. 2, elle pose la question rhétorique, «Est-il des Maris qui puissent rendre une Femme heureuse ?», suivie du commentaire suivant: « Il ne faut pas estre plus grande Sorciere que moy pour dire une verité, en prédisant des malheurs à ceux qui ont l'entestement de se marier ». Plus tard elle justifiera l'aide qu'elle apporte à Mme Noblet en disant « Quand une Femme a eu quelque temps l'incommodité d'un vieux Barbon, il est bien juste de luy aider à la marier selon son cœur » (II. 1). Elle fait preuve d'une attitude cynique même envers l'amour qu'elle décrit non sans un peu d'humour comme un « mal » dont un grand nombre de gens sont « attaquez » (V. 4).

Il est souvent question de veuvage dans *La Devineresse*. La femme du couple principal (la Comtesse) est une jeune veuve, ce qui est intéressant en soi, car il s'agit normalement dans la comédie d'un couple inexpérimenté. Il faut noter surtout que cet état est présenté comme étant très attrayant. Elle explique au Marquis « je vous aime, & il n'y aura jamais que vous qui me puissiez faire renoncer à l'état de Veuve » (I. 5). De son côté, Mme Noblet attend avec impatience la mort de son mari car c'est à ce moment-là qu'une femme peut « disposer de [sa] Personne » tandis qu'« il n'y a pas moyen de s'expliquer [c'est-à-dire de déclarer son amour pour un autre] avant qu'estre Veuve » (II. 1). Elle parle de vouloir rester veuve « car [...] il me fâche fort d'avoir à me marier encor une fois », et le Marquis comprend pourquoi: « Ne craignez rien. Le bon Homme mort, vous demeurerez Veuve tant qu'il vous plaira, & ce ne sera jamais en dépit de vous que vous prendrez un second Mari » (III. 2). Même si Mme Noblet parle de mauvaise foi dans ce dernier exemple, elle fait référence néanmoins au fait que le veuvage peut apporter une certaine liberté et autonomie à la femme.[1]

Le veuvage semble donc ouvrir la voie au mariage heureux, au mariage d'amour. En effet, ce sont les deux femmes

---

[1] Mme de la Jublinière, comme nous l'avons vu, aspire aussi à l'état de veuve.

qui sont déjà veuves quand la pièce commence (la Comtesse et la Marquise) qui pensent atteindre leur but, même si les nombreuses intrigues dont nous sommes témoins montrent la difficulté qu'elles ont à y accéder. Selon les conventions de la comédie, du moins, nous sommes portés à croire que le mariage entre le Marquis et la Comtesse, entrevu à la fin de la pièce, sera heureux. Cela dit, deux personnages laissent néanmoins planer un doute à cet égard. Mme Noblet suggère que le Marquis s'intéresse surtout à l'argent de la Comtesse: elle fait remarquer à Mme Jobin que « le Mariage de la Comtesse accommode ses affaires » (II. 1), et, plus tard, elle fait la remarque directement au Marquis, lui disant « le party vous seroit avantageux » (III. 2). La servante de la Comtesse, Mlle Du Buisson, semble être du même avis: « je croy servir ma Maistresse en travaillant contre le Marquis », dit-elle dans I. 2. En même temps, *La Devineresse* nous propose une série de couples que nous supposons mal-mariés : on insiste surtout sur la différence d'âge dans le cas de Mme Noblet, par exemple. Et le seul couple marié dont on voit les deux membres concernés sur scène est le plus pathétique de tous: M et Mme de Troufignac.[1] M de Troufignac voudrait se faire aimer par sa femme qui, pour sa part, a renoncé non seulement au statut d'épouse mais aussi à son sexe féminin. Mme de Troufignac représente un cas extrême: elle ne cherche même pas à être veuve, mais carrément à devenir homme!

Les avantages d'être homme sont, de son point de vue, nombreux. D'abord, il est plus facile pour un homme de contrôler son destin matrimonial: « si j'estois Homme, j'en [de mon mari] serois défaite » (V. 3). Puis, en se travestissant, Mme de Troufignac a pu goûter ce qu'elle appelle les « Privileges de cet Habit » qui lui permettent de mener « la vie du monde la plus agréable » (V. 3). Elle prend plaisir aux passe-temps soi-disant masculins (notamment la chasse), et elle a même du succès auprès des « belles ». Cependant, « il y a » comme elle dit « un petit obstacle » (V. 3). En effet. Nonobstant quelques sous-entendus homo-érotiques dans cette scène (et surtout dans IV. 7 où Mlle du Verdier raconte la nuit qu'elle a passée avec sa maîtresse en attendant l'urne qui casse), une solution ouvertement lesbienne est impossible dans le contexte de cette pièce. Elle a beau tirer l'épée

---

[1] M et Mme de Troufignac n'apparaîssent pourtant pas en même temps, mais dans des scènes qui se suivent. Leur nom semble être dérogatoire à cause de la similarité entre Troufignac et « troufignon », qui veut dire anus ou derrière.

(symbole phallique par excellence) comme un homme, il y aura toujours quelque chose qui manque.

Mme Jobin accepte le défi de faire venir le diable, mais elle a du mal même à prendre la demande de Mme de Troufignac au sérieux: le seul moment de la pièce où Mme Jobin parle explicitement de rire, est quand une femme lui demande « faites-moy Homme ».[1] Par contre, elle n'a aucune difficulté à comprendre pourquoi Mme de Troufignac aimerait devenir homme et ajoute non sans ironie qu'« il y en a bien d'autres qui le voudroient comme vous ». Mme Jobin comprend très bien que « la condition des Femmes est trop malheureuse » – son métier même en dépend, et tout le long de la pièce elle se montre, à sa propre façon, plutôt sympathique envers la question féminine.[2] Mais elle reconnaît tout de suite et sans aucune hésitation qu'un changement de sexe est bien au-delà de ces capacités, illusoires ou non. Au lieu de demander plus de temps (son stratagème habituel), elle s'exclame: « Que je serois riche avec un pareil Secret! ». Ce qui rend la scène d'autant plus piquante, c'est que Mme Jobin, à la différence de tous les autres rôles de femme dans la pièce,[3] fut jouée par un acteur.[4] Face au refus de Mme Jobin, Mme de Troufignac n'hésite pas à continuer à mener une vie à laquelle elle ne renoncera « qu'à l'extrémité ». Pour elle, la vie d'homme (même sans prouesse sexuelle – ce qui semble être le cas d'ailleurs du pauvre M Gilet) est préférable à la vie de femme (épouse et femelle).

Si ce défilé prodigieux de problèmes matrimoniaux est légèrement étonnant dans le contexte d'une comédie, cela ne l'est

---

[1] Du Clos parle de rire au début de III. 8 quand il pense à la scène de l'enflure où il a joué le rôle de Guillaume.

[2] Elle recommande à Mme de Troufignac: « Prenez garde à ne vous point trop risquer avec les Belles. Il y a des pas dangereux pour vous » (V. 3) et à la paysanne « n'allez pas luy [à son amant] rien accorder que vous ne soyez sa Femme » (II. 5).

[3] Il est possible que le rôle de Dame Françoise ait été joué par un acteur aussi. Elle est décrite comme étant "vieille", et nous savons que les actrices n'aimaient pas prendre les rôles de vieilles femmes – voir Julia Prest, *Theatre under Louis XIV: Cross-Casting and the Performance of Gender in Drama, Ballet and Opera* (New York: Palgrave, 2006), pp. 23-24.

[4] L'acteur en question est André Hubert. Pour une plus longue discussion des effets de cette instance de distribution croisée, voir Prest, *Theatre under Louis XIV*, pp. 40-42.

nullement dans le contexte de la société contemporaine où le mariage est basé dans la plupart des cas (et surtout dans la haute société) sur des raisons financières et politiques. Malgré quelques insinuations plus sinistres (notamment Mme Jobin qui parle des « autres » devineresses « qui se meslent de plus que je ne vous dis » II. 2), Thomas Corneille et Donneau de Visé réussissent à garder un ton léger, comme il convient à une pièce comique. Mais la fin de celle-ci tranche avec les évènements qui l'avaient inspirée au départ. Si les clients de Mme Jobin se servent de la tromperie (ou en sont les victimes) afin d'atteindre leurs buts, ceux de la Voisin eurent recours à des moyens sinistres et parfois meurtriers pour atteindre les leurs. Tandis que Mme Jobin risque de perdre sa réputation et doit rendre leur argent à tous ses clients, la Voisin sera, après avoir subi une séance de torture, brûlée vive. Avec *La Devineresse*, les auteurs ont donc cherché simultanément à profiter des angoisses du public et à les en divertir au deux sens du terme. Si on peut juger par la popularité de la pièce, ils semblent y avoir bien réussi.

Le texte

Le texte que nous reproduisons ici est celui de la première édition de *La Devineresse, ou les faux enchantemens* qui parut sous les noms de Thomas Corneille et Jean Donneau de Visé à Paris chez Blageart en février 1680. Notre exemplaire de référence est celui qui se trouve à la Beinecke Rare Book and Manuscript Library à l'Université de Yale (Etats-Unis): cote BEIN 2005 2210.[1] Nous conservons l'orthographe et la ponctuation (souvent irregulières) de l'original, tout en corrigeant un petit nombre de coquilles et de fautes d'impression qui s'y trouvent, y compris celles qui sont indiquées sur une liste qui accompagne l'édition-même, que nous signalons en bas de page. L'emploi des blancs entre les mots, et avant et après les signes de ponctuation a été

---

[1] Il faut signaler que cet exemplaire est en assez mauvais état et parfois difficile à lire. Il existe plusieurs exemplaires de la première édition du texte (au British Library, à la Bibliothèque de l'Arsenal...), dont certains, à la différence du nôtre, contiennent des gravures rajoutées par collage, découpées des images publicitaires ci-mentionnées (voir la note 9). Un exemplaire de la bibliothèque de l'Arsenal (8° BL 12748 Rés) contient aussi le poème publicitaire ci-mentionné (voir la note 9), également rajouté par collage. A noter aussi que certains exemplaires qui portent la date de 1680 sont contrefaits (une contrefaçon est de Bruxelles; l'autre, qui est sans lieu, serait de Leyde): seule l'édition parisienne de Blageart est authentique.

régularisé ainsi que l'emploi dans l'original de deux lettres majuscules (une grande, suivie d'une plus petite) au début du dialogue de chaque scène. La pièce ne fut pas réimprimée du vivant des auteurs, ce qui explique l'absence de variantes dans la présente édition.

LA

DEVINERESSE,

OU LES FAUX

ENCHANTEMENS.

COMEDIE.

Representée par la Troupe du Roy.

A PARIS,

Chez C. BLAGEART, dans la Court-

Neuve du Palais, au Dauphin.

———————

M. DC. LXXX.

AVEC PRIVILEGE DV ROY.

AV LECTEVR.

Le succés de cette Comédie a esté si grand, qu'il s'en est peu veu de semblables. On y a couru, & on y court encor tous les jours en foule. Beaucoup de Gens en ont esté d'autant plus surpris, qu'y trouvant plusieurs Acteurs qui semblent n'agir que pour leur intérest particulier, ils ont crû que divers caracteres détachez ne pouvoient former une Piece. Cependant quand ils se sont appliquez à examiner toutes les parties de celle-cy, ils ont reconnu qu'il y avoit plus de sujet[1] qu'ils ne l'avoient crû d'abord, & que s'ils s'estoient imaginez qu'elle en manquoit, c'estoit seulement parce qu'il estoit difficile d'y en mettre. En effet, comme c'est chez une Devineresse que tout se passe, & que la plûpart de ceux qui vont consulter ces sortes de Gens, ou ne se connoissent point les uns les autres, ou cherchent toûjours à se cacher, il sembloit presque impossible de donner à cette Piece un nœud & un dénouëment. On n'a pas laissé d'en venir à bout. Une Femme entestée des Devineresses, un Amant intéressé à l'en détromper, & une Rivale qui veut empescher qu'ils ne se marient, font un sujet qui se noüe dés le premier Acte, & qui n'est dénoüé dans le dernier que par le faux Diable découvert. Les autres Acteurs, ou du moins une partie, sont Gens envoyez par l'une ou l'autre des deux Personnes intéressées, & qui par ce qu'ils raportent augmentent la crédulité de la Comtesse, ou font croire plus fortement au Marquis que la Devineresse est une Fourbe. Ainsi on ne peut regarder ces Personnages comme inutiles. Il est vray qu'il y en a quelques-uns qui ne connoissant ny la Comtesse ny le Marquis, ne consultent Madame Jobin que pour eux-mesmes ; mais estant aussi fameuse qu'on la peint icy, eust-il esté vray-semblable que pendant vingt-quatre heures,[2] il ne fust venu chez elle que des Personnes qui se connussent, & qui servissent à l'Action principale ? Quoy qu'il en soit, on a eu pour but de faire voir que tous ceux & celles qui se meslent de deviner, abusent de la facilité que les Foibles ont à les croire. Il faut regarder si la matiere a esté traitée de la maniere qu'elle devoit l'estre pour faire remarquer leurs artifices ; & si cette

---

[1] C'est-à-dire plus d'unité en ce qui concerne l'action.

[2] En fait, l'action se passe sur deux jours (et une nuit), et dure donc entre 24 et 36 heures.

Comédie les a découverts, on peut dire qu'elle a produit l'effet que demande Horace, qui est d'instruire en divertissant. Mais quand elle seroit, & contre les regles, & sans aucune utilité pour le Public qu'on prétend qu'elle détrompe, ce seroit toûjours quelque chose de fort agreable à voir au Théatre, puis qu'il ne se peut rien adjoûter au jeu fin, aisé, & naturel, de l'excellente Troupe qui la représente. Tant de Gens de toutes conditions ont esté chercher les Devineresses, qu'on ne doit point s'étonner si on a trouvé lieu de faire quelques applications.[1] Il est pourtant vray (& on se croit obligé de le protester) qu'on n'a eu aucune veuë particuliere en faisant la Piece ; mais comme dans cette sorte d'Ouvrage, on doit travailler[2] particulierement à corriger les defauts des Hommes, & que la veritable Comédie n'est autre chose qu'un Portrait de ces defauts mis dans un grand jour, on n'en tireroit aucun profit, s'il estoit déguisé de telle sorte qu'il fust impossible que personne s'y reconnust. Ainsi au lieu de deux ou trois applications qui ont esté faites d'abord,[3] on est fort persuadé que mille & mille Gens se sont trouvez dans les divers caracteres dont la Comédie de la Devineresse est composée, & c'est parce qu'ils s'y sont trouvez, qu'elle a pû leur estre utile. Quant au Spéctacle, il n'y a point esté mis pour faire paroistre des Ornemens, mais comme absolument nécessaire, la plûpart des Devineresses s'estant servies de Bassins pleins d'eau, de Miroirs, & d'autres choses de cette nature, pour abuser le Public. Je sçay qu'il y a des Esprits forts qu'elles ne pouroient tromper ; mais comme presque toutes les Personnes qui les consultent, vont chez elles accompagnées seulement de leurs foiblesses, qu'elles sont timides & naturellement portées à tout croire, avec toutes ces dispositions jointes à la peur qui trouble l'esprit, & qui empesche de bien examiner ce qu'on voit, on se persuadera sans peine, qu'elles se laissent tromper d'autant plus facilement, qu'elles cherchent en quelque façon à estre trompées.[4]

---

[1] Il est clair que le public contemporain a cru remarquer certains rapports entre les personnages de la pièce et quelques individus réels en plus de Mme Jobin/La Voisin et Du Clos/Lesage. Les auteurs essaient de se distancier d'une lecture à clé de la pièce tout en insistant sur une similarité inévitable entre la vie et le genre comique.

[2] Dans l'original, « rravailler ».

[3] Ils font allusion surtout à la ressemblance voulue entre Mme Jobin et La Voisin et entre Du Clos et Lesage.

[4] Le point final manque dans l'original.

Ce qui contribuë encor beaucoup à les faire tomber dans le paneau, c'est que tout ce qu'on leur fait voir paroist dans des lieux disposez exprés, s'estant trouvé quelques-uns de ces Trompeurs qui par les fentes d'une Muraille dont on ne pouvoit presque s'apercevoir ont à force de Souflets, fait enfler & sortir des Figures faites de veritables Peaux d'Hommes courroyées.[1] Jugez apres cela de leur adresse, & si au lieu des Timides dont je viens de vous parler, ces sortes de Gens n'estoient pas capables d'embarasser les Personnes les plus résoluës.

Comme beaucoup de Gens assurent toûjours qu'ils ont déja veu la Devineresse imprimée,[2] & que cette Impression ne peut estre qu'imparfaite & pleine de fautes ; pour connoistre la veritable, il faut regarder si le titre de la premier Page, & les mots de *Scene*, sont formez de lettres figurées telles qu'on les trouve icy.[3]

---

[1] Corroyer: « Donner la derniere preparation au cuir aprés qu'il est sorty de la tannerie » (Furetière, *Dictionaire universel*, 1690).

[2] Contrairement à ce qu'indiquent les auteurs (Truchet a sans doute raison de supposer qu'il s'agit simplement d'une manœuvre publicitaire), aucune contrefaçon ne semble avoir précédé la publication de cette édition. Il existe, en revanche, deux contrefaçons de 1680, mais par le fait qu'elles contiennent l'avis au lecteur de l'original, nous savons qu'elles lui sont ultérieures (voir Truchet, pp. 1099-1100).

[3] Au début de chaque scène de la pièce, le mot « scène » (ainsi que le mot « Devineresse » sur la page de titre) est écrit en lettres en dents de scie.

ACTEURS.

MADAME JOBIN, Devineresse.
DU CLOS, Associé de Madame Jobin.
MONSIEUR GOSSELIN, Frere de Madame Jobin.
DAME FRANCOISE,[1] Vieille Servante de Madame Jobin.
MATURINE, Autre Servante de M. Jobin.
LA COMTESSE D'ASTRAGON, Aimée du Marquis.
LE MARQUIS, Amant de la Comtesse, & aimé de Madame Noblet.
MADAME NOBLET.
MONSIEUR DE LA GIRAUDIERE.
LA MARQUISE, Aimée du Chevalier.
LE CHEVALIER, Amant de la Marquise.
MADEMOISELLE DU BUISSON, Suivante de la Comtesse.
MADAME DE LA JUBLINIERE.
MADEMOISELLE DU VERDIER, Suivante de Madame de la Jubliniere.
MONSIEUR GILET,[2] Bourgeois de Paris.
MADAME DES ROCHES.
MADAME DE CLERIMONT.
MONSIEUR DE TROUFIGNAC, Gentilhomme Périgordin.
MADAME DE TROUFIGNAC, sa Femme.

La Scene est chez Madame Jobin.

---

[1] Son nom apparaît toujours sans cédille quand il est écrit en lettres majuscules.

[2] Dans l'original, la virgule manque.

LA

DEVINERESSE,

COMEDIE.

ACTE PREMIER.

SCENE I.

DU CLOS, Mme JOBIN.

DU CLOS. La chose ne pouvoit tourner plus heureusement, &
j'espere que nous mettrons enfin vostre incrédule Mr de la
Giraudiere à la raison. La précaution que vous eustes hier, de
faire dire que vous estiez allée en Ville, quand il vint vous
demander pour sçavoir ce que sont devenus ses Pistolets, m'a
donné le temps de les faire peindre, aussi bien que la Table du
Cabinet où ils doivent estre trouvez.[1] J'ay fait plus, j'ay
attrapé le Portrait de ce Mr de Valcreux qui a pris les Pistolets,
& qui ne les a pris que parce qu'il est persuadé que l'autre ne
manquera pas à vous venir demander raison du prétendu vol.
Le bon est qu'il croit avoir fait le coup si secretement, que si
vous le devinez, il vous croira la plus grande Sorciere du
monde. Ainsi vous vous allez mettre en crédit aupres de l'un
& de l'autre, & cela, grace à mon adresse & à mes soins qui
me donnent de bons Espions par tout.

MME JOBIN. Hé ! Mr du Clos, vous n'y perdez-pas. Je vous paye
bien, & depuis que je vous ay mis en part avec moy, vous
n'estes plus si......

---

[1] Mme Jobin demande souvent du temps pour pouvoir répondre aux souhaits de
ses clients (comme le remarque bien le Marquis dans I. 5).

34

DU CLOS. Mon Dieu, ne parlons point de cela : C'est assez que nous nous trouvions bien l'un de l'autre, & que le grand nombre de Dupes qui vous viennent tous les jours établisse vostre réputation de tous costez.

MME JOBIN. Il n'y a que ce diable de la Giraudiere qui me décrie.[1] Quoy que je luy aye dit des choses assez particulieres touchant le passé, & que je luy aye prédit l'avenir le plus juste que j'ay pû par rapport à son humeur, il ne se rend point, & soûtient toûjours que je ne sçay rien.

DU CLOS. C'est un impertinent ; car quoy qu'il ne se trompe pas, la verité n'est pas toûjours bonne à dire. Si vous n'estes pas Sorciere, vous avez l'esprit de la paroistre, & c'est plus que si vous l'estiez en effet.

MME JOBIN. Maturine est admirable pour faire tomber les Gens dans le paneau. Elle affecte un air innocent qui leur fait croire cent Contes qu'elle invente pour les duper.

DU CLOS. Je l'ay toûjours dit, Maturine est un Tresor. Mais je vous prie, comment va le Mariage que la Dame jalouse veut empescher ? Les trois cens Loüis qu'elle vous promet si son Amant n'épouse point la Comtesse d'Astragon, sont-ils bien comptez ?

MME JOBIN. Nous avons déja assez attrapé de son argent pour nous tenir assurez du reste, si le Mariage ne se fait pas. Les malheurs que j'en ay prédits à la Comtesse, qui est ma Dupe depuis long-temps, l'en ont déja fort dégoûtée. Elle doit revenir icy pour sçavoir l'effet d'un prétendu entretien que je dois avoir avec l'Esprit familier que je luy ay dit qui m'instruit de tout ; & ce qu'il y a d'avantageux, c'est qu'elle me paye pour cela, comme la Dame jalouse me paye pour un Charme qui empesche son Amant de se marier.

DU CLOS. Eh ! vous n'estes pas la seule qui preniez de l'argent des deux costez. J'en sçay qui n'en font aucun scrupule, & qui ne laissent pas de se dire Gens de bien.

---

[1] Elle ne sait pas encore que ce sera le Marquis son plus redoutable adversaire. Ils ne se sont pas encore rencontrés.

MME JOBIN. Ne nous meslons point des autres, ne songeons qu'à nous. Avez-vous icy ce que vous [avez]¹ fait peindre pour l'affaire des Pistolets ?

DU CLOS. La Giraudiere n'a qu'à venir. Tout est prest, comme je vous ay dit.

MME JOBIN. Allez. J'apperçoy la Suivante de nostre Comtesse.

SCENE II.

MLLE DU BUISSON, MME JOBIN.

MME JOBIN. Qu'y a-t-il, Mlle du Buisson ?

MLLE DU BUISSON. Ah ! Mme Jobin, me voila toute essoufflée. Je suis viste accouruë chez vous par la petite porte de derriere, pour vous dire que ma Maistresse vient vous trouver.

MME JOBIN. Que rien ne vous embarasse. Je suis préparée sur ce que j'ay à luy dire ; & crédule comme je la connois, elle sera bien hardie, si elle se marie apres cela.

MLLE DU BUISSON. Oüy, mais vous ne sçavez pas que le Marquis qu'elle ne seroit pas fâchée d'épouser, vient avec elle vestu en Laquais. Comme elle l'assure de consentir à le rendre heureux, s'il la peut convaincre que ce que vous debitez n'est que tromperie, il s'est résolu à ce déguisement, pour éprouver si vostre Diable pourra vous en découvrir quelque chose. Tenez-vous sur vos gardes là-dessus.

MME JOBIN. Je suis ravie de sçavoir ce que vous m'apprenez. Fiez-vous à moy, rompons l'affaire, il y a cinquante Pistoles pour vous.

MLLE DU BUISSON. Quand il n'y auroit rien à gagner pour moy, je croy servir ma Maistresse en travaillant contre le Marquis. Il me semble qu'elle ne sera point heureuse avec luy.

---

¹ Dans l'original, le mot « avez » manque. Cette erreur est signalée par l'éditeur.

MME JOBIN. Est-il des Maris qui puissent rendre une Femme heureuse ? Il ne faut pas estre plus grande Sorciere que moy pour dire une verité, en prédisant des malheurs à ceux qui ont l'entestement de se marier.

MLLE DU BUISSON. Il se trouve de bons Maris ; il n'y a qu'à mettre le temps à les bien chercher.

MME JOBIN. C'est à dire que vous n'y renoncez pas.

MLLE DU BUISSON. Eh ! je croy qu'un bon Mary est quelque chose de bon.

MME JOBIN. Sans doute. Et nostre Comtesse ? Elle ne se défie point de nostre commerce ?

MLLE DU BUISSON. Le moyen ? Je luy ay toûjours parlé contre vous. Je luy soûtiens tous les jours qu'il n'y a que le hazard qui vous fasse quelque-fois dire la verité ; & quand pour me convaincre d'erreur, elle m'oppose les choses les plus particulieres de sa vie, qu'elle prétend que vous avez devinées, elle n'a garde de s'imaginer que c'est par moy que vous les sçavez. A propos, j'allois oublier de vous avertir qu'apres, vous avoir parlé présentement à visage découvert, elle doit venir icy tantost masquée. Je la dois accompagner, masquée comme elle. Je vous serreray la main, ou feray quelque autre signe, afin que vous nous connoissiez. Ne manquez pas à luy prédire les mesmes malheurs.

MME JOBIN. Je feray la Sorciere comme il faudra. Qu'est-ce, Maturine ?

SCENE III.

MATURINE, MME JOBIN, MLLE DU BUISSON.

MATURINE. C'est vostre Comtesse.

MLLE DU BUISSON. Je me sauve par la petite Porte dérobée, & vous rendray compte de tout ce que j'auray entendu dire à son retour.

MME JOBIN. Fais-là attendre icy, Maturine, & luy dis que je me suis enfermée pour quelque temps.

MATURINE *seule.* Je suis bien beste, mais il en est encor de bien plus bestes que moy. Combien de médisances on fait tous les jours du Diable ! On le fait se mesler de mille affaires, où il a bien moins de part que je n'y en ay.

SCENE IV.

LA COMTESSE, LE MARQUIS *vestu en Laquais, tenant la queuë de la Comtesse.* MATURINE.

LA COMTESSE. Que fait Mme Jobin ?

MATURINE. Oh ! Madame, il faut que vous attendiez un peu, s'il vous plaist.

LA COMTESSE. Quelqu'un est-il avec elle ?

MATURINE. Non, mais elle s'est renfermée là-haut dans sa Chambre noire. Elle a pris son grand Livre, s'est fait apporter un Verre plein d'eau, & je pense que c'est pour vous qu'elle travaille.

LA COMTESSE. J'auray patience. Fais, je te prie, quand elle sortira, que je sois la premiere à qui elle parle.

SCENE V.

LA COMTESSE, LE MARQUIS.

LA COMTESSE. En verité, Mr le Marquis, je souffre beaucoup à vous voir dans cet équipage. Si quelqu'un venoit à vous découvrir, que diroit-on ?

LE MARQUIS. Ne vous inquietez point pour moy. Je me suis fait apporter en Chaise à trois pas de chez Mme Jobin. Je vous ay joint à sa Porte, & m'en retournant avec la mesme précaution, je ne cours aucun peril d'estre veu. Il est vray, Madame, que vous m'auriez épargné ce deguisement, si vous donniez moins dans les artifices de vostre Devineresse, qui ne vous dit toutes les fadaises qui vous font peur, que pour attraper vostre Argent.

LA COMTESSE. Vous me croyez donc sa Dupe ?

LE MARQUIS. Est-ce que vous ne luy donnez rien ?

LA COMTESSE. Il faut bien que chacun vive de son Mestier.

LE MARQUIS. Le Mestier est beau de parler au Diable, selon vous s'entend, Madame ; car je ne suis pas persuadé que le Diable se communique aisément. A dire vray, j'admire la plûpart des Femmes. Elles ont une délicatesse d'esprit admirable ; ce n'est qu'en les pratiquant qu'on en peut avoir, & elles ont le foible de courir tout ce qu'il y a de Devins.

LA COMTESSE. Ce sont tous Fourbes ?

LE MARQUIS. Fourbes de Profession, qui ne sçavent rien, & qui ébloüissent les Crédules.

LA COMTESSE. Mais, je vous prie, par quel interest Mme Jobin me voudroit-elle empescher de vous épouser ?

LE MARQUIS. Que sçais-je moy ? J'ay quelque Rival caché qui me veut détruire, & je ne puis comprendre comment vous souffrez que vostre Suivante, Mlle du Buisson, ait plus de force d'esprit que vous. Elle vous dit tous les jours que vous venez consulter une Ignorante ; & si vous l'en vouliez croire, vous vous mocqueriez de ses extravagantes Prédictions.

LA COMTESSE. Du Buisson est une folle. Il m'est arrivé des choses qu'il n'y a qu'elle au monde qui sçache, & Mme Jobin nous les a dites de point en point. Je ne sçay apres cela, comment du Buisson peut estre incrédule.

LE MARQUIS. Le hazard l'a pû faire rencontrer heureusement.

LA COMTESSE. Enfin, Mr le Marquis, vous croirez d'elle ce qu'il vous plaira. Je vous aime, & il n'y aura jamais que vous qui me puissiez faire renoncer à l'état de Veuve : mais apres les veritez qu'elle m'a dites cent fois, je la dois croire, & ne prétens point me rendre malheureuse en vous épousant. Vous voyez que je n'oublie rien de ce que je puis faire pour vous. Je l'ay priée d'examiner plus précisement de quel genre de malheur je suis menacée, & si c'est une fatalité qu'on ne[1] puisse vaincre. Ma resolution dépend de ce qu'elle me dira, à moins que vous ne me fassiez connoistre qu'elle est une Fourbe, & que tout ce qu'elle sçait n'est qu'artifice.

LE MARQUIS. J'en viendray à bout, Madame, & vous en allez avoir le plaisir. Ne manquez point à luy demander de mes nouvelles, je suis seur que son Diable n'en sçait point assez pour luy apprendre mon déguisement.

LA COMTESSE. Il ne luy parle pas toûjours quand elle veut, & elle a besoin quelquefois de plusieurs jours pour le conjurer.

LE MARQUIS. Voila l'adresse. Elle prend du temps pour s'informer de ce qui luy est inconnu, & elle vous dira que je me seray déguisé quand elle aura pû le découvrir. Et la Giraudiere qui vint chez vous hier au soir ? Croyez-vous qu'elle luy fasse retrouver ses Pistolets ?

LA COMTESSE. Pourquoy non ?

LE MARQUIS. Il ne le croit pas, luy.

LA COMTESSE. Quand elle ne luy dira point qui les a pris, je ne la croiray pas Fourbe pour cela. Est-elle obligée de tout sçavoir ? Il me semble que c'est bien assez qu'elle ne dise jamais rien que de veritable.

LE MARQUIS. Je me rens, Madame, & je croy présentement Mme Jobin la plus grande Magicienne qui fut jamais ; car à moins qu'elle ne vous eust donné quelque Charme, vous n'entreriez pas si obstinément dans son party. Pour moy, je ne sçay plus ce qu'il faut faire pour vous détromper.

LA COMTESSE. Ce qu'il faut faire ? Il faut me faire connoistre que dans les choses extraordinaires qu'elle fait, il n'y a rien de surnaturel, & que je les pourrois faire moy-mesme, si j'avois l'adresse d'éblouïr les Gens.

LE MARQUIS. C'est assez, je trouveray moyen de vous contenter.

---

[1] Dans l'original, il y a « me » à la place de « ne ».

LA COMTESSE. Taisons-nous, elle descend, & je croy l'entendre.

SCENE VI.

Mme JOBIN, LA COMTESSE, LE MARQUIS.

Mme JOBIN *à Maturine.* Faites entrer ces Dames dans l'autre Chambre, j'iray leur parler incontinent.[1]

LA COMTESSE. Hé bien ! ma chere Mme Jobin, as-tu fait de ton mieux pour moy ?

Mme JOBIN. Madame, vous ne songez pas que vostre Laquais est-là. Sors, mon amy. Il faut qu'un Laquais demeure à la porte.

LA COMTESSE. Laisse-le icy, je te prie. Quoy que je me fie à toy, je mourrois de peur si j'estois seule, & il me faut toûjours quelqu'un pour m'assurer.

Mme JOBIN. Que n'amenez-vous quelque Demoiselle ? J'en aimerois mieux dix qu'un seul Laquais. Ce sont de petits Esprits qui jasent de tout ; & puis comme je fais pour vous ce que je ne fais presque pour personne, je n'aimerois pas qu'on dist dans le Monde que je me mesle de plus que de regarder dans la main.

LA COMTESSE. C'est un Laquais d'une fidelité épouvée. Ne crains rien de luy. Qu'as-tu à me dire ? Je tremble que ce ne soit rien de bon. J'en serois au desespoir ; car je t'avouë que j'ay le cœur pris.

Mme JOBIN. Je n'ay pas besoin que vous me l'avoüyez pour le sçavoir. Mais plus vous avez d'amour, plus cet amour vous doit engager, non seulement à n'épouser pas un Homme qui ne peut que vous rendre malheureuse, mais à luy conseiller de ne se marier jamais, car il n'y a rien que de funeste pour luy dans le Mariage.

---

[1] Incontinent: « Sur l'heure, dans un moment » (Furetière).

LA COMTESSE. Que me dis-tu là ? Quoy les choses ne se peuvent détourner ?

MME JOBIN. Non, hazardez si vous voulez, c'est vostre affaire. Quand vous souffrirez, vous ne vous en prendrez point à moy.

LA COMTESSE. Mais encor, explique-moy quelle sorte de malheur j'ay à redouter.

MME JOBIN. Il est entierement attaché à celuy que vous aimez. S'il se marie, il aimera sa Femme si éperduëment, qu'il en deviendra jaloux jusques dans l'excés.

LA COMTESSE. La jalousie n'est point de son caractere.

MME JOBIN. Il sera jaloux, vous dis-je, & si fortement, qu'il ne laissera aucun repos à sa Femme. C'est là peu de chose, voicy le fâcheux. Il tuëra un Homme puissant en amis qu'il trouvera un soir causant avec elle. On l'arrestera, & il perdra la teste sur un échafaut.

LA COMTESSE. Sur un échafaut ? Cela est fait. Je ne l'épouseray jamais.

MME JOBIN. Ce malheur ne luy est pas seulement infaillible en vous épousant, mais encor en épousant toute autre que vous. C'est à vous à l'en avertir, si vous l'aimez.

LA COMTESSE. Il ne faut point qu'il songe à se marier. Sur un échafaut ! Quand il seroit le Mary d'une autre, j'en mourrois de déplaisir. Mais tout ce que tu me dis est-il bien certain ?

MME JOBIN. Je l'ay découvert par des Conjurations que je n'avois jamais faites. J'en ay moy-mesme tremblé, car il est quelquefois dangereux d'arracher les secrets de l'Avenir ; mais je vous l'avois promis, & j'ay voulu tout faire pour vous.

LA COMTESSE. Quel malheur pour moy de l'avoir aimé ! Je ne l'épouseray point, j'y suis résoluë : Mais dis-moy, me pourrois-tu satisfaire sur une chose ? Je voudrois sçavoir ce qu'il fait presentement.

MME JOBIN. Que gagnerois-je à vous dire ce que vous croiriez que je n'aurois deviné que par hazard ? Apparemment il ne fait rien d'extraordinaire, & il n'est pas difficile de s'imaginer ce qu'un Homme fait tous les matins.

LA COMTESSE. N'importe, cela me contentera, & je seray plus ferme à te croire, s'il demeure d'accord d'avoir fait ce que tu m'auras dit de luy.

MME JOBIN. Seriez-vous Femme à ne vous point effrayer ?

LA COMTESSE. Peut-estre.

MME JOBIN. Vous n'avez qu'à éloigner ce Laquais, vous verrez de vos propres yeux ce que fait presentement vostre Amant. Mais ne tremblez pas, car celuy que je feray paroistre d'abord est un peu terrible.

LA COMTESSE. Comment ? Le Diable ! La seule pensée me fait mourir de frayeur.

MME JOBIN. Il n'est point méchant, il ne faut qu'avoir un peu d'assurance.

LA COMTESSE. Je vous remercie de vostre Diable. Ie[1] ne voudrois pas le voir pour tout ce qu'il y a de plus précieux au Monde.

MME JOBIN. Ie retourne donc dans ma Chambre, & viendray vous dire ce que j'auray veu.

SCENE VII.

LE MARQUIS, LA COMTESSE.

LE MARQUIS. Eh ! Madame, que ne l'engagiez-vous à faire paroistre son Diable ? Elle vous auroit manqué de parole, ou je vous aurois fait connoistre la tromperie.[2]

---

[1] A plusieurs moments dans le texte, nous avons « I » à la place du « J » moderne et « i » à la place du « j » moderne. Cet usage était encore courant. De même pour le « V » qui paraît quelques fois à la place du « U » moderne. Nous gardons l'orthographe de l'original dans le dialogue et les didascalies. Pour les noms des personnages, nous l'indiquons en bas de page

[2] Il anticipe déjà le dénouement de la pièce.

LA COMTESSE. Comment ? vous vous seriez résolu à le voir ?

LE MARQUIS. Assurément.

LA COMTESSE. Mais elle vouloit qu'on vous mist dehors, & j'aurois esté la seule qui l'aurois veu.

LE MARQUIS. N'est-ce pas-là une conviction de la Fourbe ? Il ne luy faut que des Femmes, & un Laquais mesme luy est suspect.

LA COMTESSE. Vous pouvez garder vostre esprit fort. J'auray toûjours de l'estime & de l'amitié pour vous ; mais vous avez beau m'accuser d'estre trop crédule, je ne vous mettray jamais en état de tuer un Homme pour moy, ny d'avoir la teste coupée.

LE MARQUIS. Est-il possible que vous donniez croyance à des contes ?

LA COMTESSE. Vous n'estes-donc pas persuadé qu'elle m'ait dit vray ?

LE MARQUIS. Point du tout. Elle a ses fins que je ne puis deviner, & je garderay ma teste long-temps, si elle ne tombe que par ses Prédictions.

LA COMTESSE. Au nom de tout l'amour que vous m'avez témoigné, ne vous mariez jamais.

LE MARQUIS. Quelle priere !

LA COMTESSE. Je le voy bien. Vous ne serez convaincu de ce qu'elle sçait, que quand vous aurez veu un Homme mort à vos pieds. Du moins ce ne sera pas moy qui en seray cause.

LE MARQUIS. Vous me feriez perdre patience. Ie tuëray un Homme, moy qui n'eus jamais envie de tuer, parce que vostre Devineresse l'a prédit ? Fadaise, Madame, fadaise. C'est une ignorante qui ne sçait autre chose que tromper, & il est bien injuste que vous me rendiez malheureux, parce qu'elle vous dit des extravagances.

LA COMTESSE. Il faut vous entendre dire, c'est une ignorante ; mais si elle peut découvrir que vous vous estes déguisé pour venir chez elle, que direz-vous ?

LE MARQUIS. Elle ne le découvrira point.

LA COMTESSE. Je le croy ; mais enfin si cela arrive, me promettez-vous de ne vous marier jamais ?

LE MARQUIS. Et si elle ne le découvre point, me promettez-vous de m'épouser ?

LA COMTESSE. C'est autre chose. L'Esprit Familier qu'elle consulte n'est pas toûjours en humeur de luy parler.[1]

LE MARQUIS. Elle a raison, Madame, vous fermez les yeux, & elle est en droit de vous faire croire ce qu'il luy plaira.

LA COMTESSE. Je vous l'ay dit dés l'abord. Montrez-moy qu'elle me fait croire des faussetez.[2]

LE MARQUIS. J'en viendray à bout. Son Diable n'est peut-estre pas si fin qu'on ne trouve moyen de l'attraper.

LA COMTESSE. Mettez-vous plus loin. J'entens descendre quelqu'un.

SCENE VIII.

MME JOBIN, LA COMTESSE, LE MARQUIS.

MME JOBIN.[3] J'ay d'étranges nouvelles à vous apprendre.

LA COMTESSE. Quelles, je vous prie ? ne me faites point languir.

MME JOBIN. J'ay veu vostre Amant.

---

[1] Dans l'original, il y a « du » à la place de « de » et une virgule à la place du point final.

[2] Dans l'original, il y a un point d'interrogation à la place du point final.

[3] Dans l'original, « Iobin ».

LA COMTESSE. Hé bien ?

MME JOBIN. Il faut qu'il ait quelque grand dessein, car il estoit vestu en Laquais, parlant d'action à une Dame.

LA COMTESSE. Qu'est-ce que j'entens ? A une Dame ! Vestu en Laquais !

MME JOBIN. Il vous le niera ; mais soûtenez-luy fortement que cela est, car il n'y a rien de plus certain.

LA COMTESSE. Je vous croy. Vous ne m'avez jamais rien dit que de veritable.

MME JOBIN. Ils se parloient de costé en se regardant, & cela est cause que je n'ay pû distinguer les traits de l'un ny de l'autre.

LA COMTESSE. C'en est assez, je ne vous demande rien davantage pour aujourd'huy. Ie suis si troublée, que je ne sçais pas trop bien ce que je vous dis.

MME JOBIN. Une autre fois, Madame, ne m'amenez plus de Laquais.

LA COMTESSE. A demain le reste. Ie n'ay pas la force de vous dire un mot.

SCENE IX.

MME JOBIN, DU CLOS.

MME JOBIN. Le coup a porté, la Comtesse sort toute interdite.

DU CLOS. Ie l'ay entenduë de ce Cabinet. Continuez, je me trompe fort si les trois cens Pistoles ne sont à nous. La voila entierement dégoustée du Mariage. Songeons seulement à nous tenir sur nos gardes ; car le Marquis enragé de ce qu'elle refuse de l'épouser, employera tout pour découvrir nostre fourbe ; & soit par luy, soit par quelques Intrépides qu'il envoyera, vous aurez de puissans assauts à soûtenir.

MME JOBIN. Ie m'en tireray. Nous avons déja fait d'autres merveilles.

SCENE X.

MME JOBIN, DU CLOS, MATURINE.

MATURINE. Madame, voila une façon de Bourgeois qui vous demande.

DU CLOS. Comment est-il fait ?

MATURINE. Il est en Manteau, vestu de noir, de moyenne taille, un peu gros.

DU CLOS. Ie me remets dans ma Niche. C'est assurément le Brave de volonté dont je vous parlois tantost. Si c'est luy, je viendray joüer ma Scene. Vous en serez beaucoup mieux payée. *Il sor.*

MME JOBIN. Dis-luy qu'il monte, je l'attendray. Dieu mercy je ne manque pas d'exercice,[1] & il me vient tous les jours de nouveaux Chalans.[2] Cependant je me trouve Sorciere à bon marché. Trois paroles prononcées au hazard en marmotant, sont mon plus grand Charme, & les Enchantemens que je fais demandent plus de grimaces que de diablerie.

SCENE XI.

MME JOBIN, MR GILET.

MR GILET. Bonjour, Madame, on dit que vous sçavez tout. Si cela est, vous connoissez ma Maistresse.

MME JOBIN. Dequoy s'agit-il ?

---

[1] Exercice: « Occupation, travail ordinaire » (Furetière).

[2] Chaland: « Celuy qui a coustume d'acheter à une boutique chez un même Marchand » (Furetière).

47

Mr GILET. Il s'agit qu'elle m'aimoit autrefois un peu. Ie ne suis pas mal fait, non, & je luy disois de petites choses qui avoient bien de l'esprit.

Mme JOBIN. Ie n'en doute point.

Mr GILET. I'eusse bien voulu me marier avec elle ; mais depuis que certaines Gens qui ont veu des Sieges & des Combats luy en content, vous diriez qu'elle a honte de me regarder. Ie m'aperçois bien qu'ils se moquent de moy avec elle, & j'ay quelquefois de grandes tentations de me fâcher ; mais comme je n'ay jamais esté à l'Armée, j'ay tant soit peu de crainte d'estre batu, & cela est cause que je ne dis mot.

Mme JOBIN. C'est estre prudent. Mais que n'allez-vous faire une Campagne ? Vous seriez en droit de parler aussi haut qu'eux.

Mr GILET. Oüy, mais…

Mme JOBIN. I'entens, vous n'avez point de courage.

Mr GILET. Pardonnez-moy, j'en ay autant qu'on en peut avoir. Quand quelqu'un m'a joüé un tour, je suis des six mois sans luy parler, & j'ay le bruit de bien tenir mon courage.

Mme JOBIN. Ie le croy. Vous le tenez peut-estre si bien, que vous ne le laissez jamais paroistre.[1]

Mr GILET. Ie suis naturellement porté à la Guerre, & il ne se passe point de nuit que je ne me bate en dormant. Ie fais des merveilles, & il n'y a pas encor trois jours que m'estant armé de pied en cap dans ma Chambre, je fus charmé de ma mine martiale en me regardant dans un Miroir. Je m'escrimay en suite deux heures durant contre tous les Personnages de la Tapisserie, & je sens bien que je chamaillerois vertement contre des Gens effectifs, mais il y a une petite difficulté qui m'arreste.

Mme JOBIN. Quelle ?[2]

---

[1] Dans l'original, le point final manque.

[2] Dans l'original, « Quelle ? ».

MR GILET. Un coup de Canon ou de Mousquet ne regarde point où il va, & blesse un Homme de cœur comme un autre. Cela est impertinent, & je ne sçache rien de plus fâcheux pour un Brave.

MME JOBIN. A dire vray, il n'y a point de plaisir à estre blessé, & je ne sçaurois blâmer les Gens qui ont peur de l'estre.

MR GILET. Vous voyez bien qu'avoir peur comme je l'ay, ce n'est point-là manquer de courage.

MME JOBIN. Au contraire, c'est estre capable des grandes choses, que de prévoir le peril ; mais comment vous guérir de cette peur ?

MR GILET. N'avez-vous pas des Secrets pour tout ?

MME JOBIN. Mais encor, que voudriez-vous qu'on fist pour vous ?

MR GILET. Pas grand chose, & cela ne vous coûtera presque rien. Vous n'avez qu'à faire que jamais je ne puisse estre blessé, & quand je ne craindray rien, on verra que je seray Brave comme quatre.

MME JOBIN.[1] Oh ! cela ne va pas si viste que vous pensez. Iamais blessé !

MR GILET. Mon Dieu, c'est une bagatelle pour vous.

MME JOBIN.[2] J'ay quelques Secrets, je vous l'avoüe ; mais il y a de certaines choses difficiles…

MR GILET. Difficiles ! Vous vous moquez. Combien voit-on de Gens charmez à la Guerre ? Sans cela seroient-ils si sots que d'aller presenter le ventre aux coups de Mousquet ? Parlez franchement, Mme Jobin, il y en a bien de vostre façon.

MME JOBIN. Ie ne vous déguise pas que j'ay des Amis en ce Pays-là. Ils ne se sont pas mal trouvez de mon Secret ; mais comme il est rare, il couste un peu cher.

---

[1] Dans l'original, « Iobin ».

[2] Dans l'original, « Iobin ».

MR GILET. Ne vous inquietez point pour l'argent. Ie suis Fils d'un gros Bourgeois qui a des Pistoles par monceaux. Il s'appelle Christophe Gilet ; & si par vostre moyen j'avois pû mettre en crédit le nom des Gilets, fiez-vous à moy, je vous ferois riche.

MME JOBIN. Vous avez une phisionomie qui m'empesche de vous refuser. I'ay ce qu'il vous faut. Mais au moins n'en parlez à qui que ce soit.

MR GILET. Ie n'ay garde. On croiroit que je n'aurois point de courage, quoy que j'en aye autant qu'il m'en faut.

MME JOBIN. Hola ! Qu'on m'aporte une de ces Epées[1] qui sont dans mon Cabinet. Elle est enchantée. Il ne m'en restera plus que deux, & il me faut plus de six mois à les préparer.

MR GILET. Et quand je l'auray, ne faudra-t'il plus que j'aye de peur ?

MME JOBIN. Si on vous dit quelque chose de fâcheux, vous n'aurez qu'à la tirer, & incontinent vous ferez fuir, ou desarmerez vos Ennemis.

MR GILET. La bonne affaire ! Si cela est, je ne craindray rien, & vous aurez de la gloire à m'avoir fait Brave.

MME JOBIN. On ne parlera que de vostre intrépidité. La voila. Tenez, quand vous vous trouverez en occasion de déguainer, mettez les quatre premiers doigts sur le dessus de la garde, & serrez le dessous avec le petit doigt. Tout le Charme consiste en cela.

MR GILET. Est-ce de cette façon qu'il faut qu'on la tienne ?

MME JOBIN. Un peu plus vers le milieu. Serrez ferme ; il ne se peut rien de mieux.

MR GILET *allongeant avec l'Epée nuë.* Ah ! Vous voyez bien que je me suis exercé. Est-ce sçavoir allonger ?

---

[1] Plusieurs fois au cours de la pièce, l'épée apparaît comme symbole phallique. La lâcheté de Mr Gilet correspondrait en quelque sorte à une impuissance sexuelle.

MME JOBIN. Quand vous ne feriez que fraper vostre Ennemy à la jambe, le coup iroit droit au cœur.

MR GILET. Et vous m'assurez que je ne seray point tué ?

MME JOBIN. Non, je vous garantis plein de vie, tant que vous tiendrez vostre petit doigt de la maniere que je vous l'ay montré. Mettez-la à vostre costé. Vous prendrez un Habit sans Manteau, quand vous serez retourné chez vous.[1]

MR GILET. Oh ! Il ne tiendra pas à l'Habit qu'on ne me craigne.

SCENE XII.

MME JOBIN, MR GILET, DU CLOS.

MME JOBIN. Où allez-vous, Monsieur ? On ne monte point icy sans faire avertir.

DU CLOS. J'ay à vous parler.

MME JOBIN. Et moy, je ne suis pas en humeur de vous entendre.

DU CLOS. Je suis pressé, & il faut que je vous parle présentement. Monsieur n'a qu'à sortir, s'il luy plaist.

MR GILET. Il ne me plaist pas, moy. *bas.* Il me semble que j'ay un peu de peur.

DU CLOS. Je le trouve drôle avec son Epée & son Manteau.

MME JOBIN *à Mr Gilet.* Ne prenez pas garde….

DU CLOS. Mon petit Bourgeois, sçavez-vous que je vous feray sauter la montée ?

---

[1] Manteau: « Un habit complet consistoit autrefois en pourpoint, haut de chausses et manteau. Maintenant on ne porte de manteau sur le Justaucorps qu'en hiver, et à la campagne pour se garentir des injures de l'air » (Furetière). Gilet a donc l'air ridicule avec son manteau, comme le remarque bien Du Clos dans la scène suivante. Son nom de famille attire d'autant plus notre attention sur la façon dont Gilet est habillé ; il évoque également la lâcheté car, selon Furetière, « faire Gilles » veux dire s'enfuir.

MR GILET. Peut-estre. *bas.* Courage, Gilet, courage.

MME JOBIN. Mais j'ay une affaire à vuider avec Monsieur.

DU CLOS. Je m'en moque.

MR GILET. Si je n'estois plus sage que vous....

DU CLOS. Comment ?

MME JOBIN *à du Clos.* Point de bruit. Entrons là-dedans, Monsieur voudra bien attendre.

DU CLOS. Non, je veux rester icy, & si ce visage de Courtaut[1] ne sort tout à l'heure, je m'en vais le jetter par les fenestres.

MR GILET. Si je m'échauffe.... *bas.* Epée enchantée, je me recommande à toy.

DU CLOS. Que dis-tu entre tes dents ?

MR GILET. Ce qu'il me plaist.

DU CLOS *luy donnant un souflet.* Ce qu'il te plaist ?

MR GILET *bas.* Ne te laisse pas insulter, Gilet.

DU CLOS. Je pense que tu veux mettre l'Epée à la main.

MR GILET *bas.* Ferme. Le petit doigt sous la Garde.

MME JOBIN *à Mr Gilet.* Eh ! Monsieur, vous m'allez perdre. Faites-luy grace, je vous en prie.

MR GILET. Non, il faut.... Poltron, tu recules. Voila ton Epée qui tombe. Tu vois, je t'ay desarmé, & il ne tient qu'à moy de te tuer.

MME JOBIN. Ne le faites-pas. Vous l'avez vaincu ; c'est assez de gloire pour vous.

DU CLOS. J'enrage. Mon Epée m'échaper des mains !

---

[1] Courtaut: « Ce qui est court et raccourcy » (Furetière).

52

MR GILET. La veux-tu reprendre ? Je ne crains rien moy, & je suis tout prest a recommencer.

MME JOBIN. Non pas, s'il vous plaist. Donnez-moy l'Epée, je vous la rendray apres que Monsieur sera party.

MR GILET. Qu'il revienne donc, car je veux qu'il sorte dans le mesme instant.

DU CLOS. Adieu, nous nous reverrons.

MR GILET. Quand tu voudras ; mais je t'avertis que si je te sangle le moindre coup, il ira droit au milieu du cœur.

SCENE XIII.

MR GILET, MME JOBIN.

MR GILET. Que je suis heureux ! Mon Epée, ma chere Epée, il faut que je te baise & rebaise.

MME JOBIN. Estes-vous content de moy ?

MR GILET. Si je le suis, Mme Jobin ? Vous estes la Reine des Femmes. Voila ma Bourse, prenez ce qu'il vous plaira, je ne vous sçaurois trop bien payer.

MME JOBIN. Je ne cherche qu'à obliger les honnestes Gens, & je n'ay jamais rançonné personne. Vous agissez si franchement avec moy, que trente Loüis me suffiront. Je ne veux rien de vous davantage.

MR GILET. Trente Loüis ! En voila quarante en dix belles Piéces, j'en aurois donné volontiers deux cens. Quand on m'a rendu un service, je n'ay jamais regret à l'argent.

MME JOBIN. Je suis fâchée que vous ayez reçeu un souflet, mais...

MR GILET. Cela n'est rien, & puis ce n'est point la faute de l'Epée. Je vois bien que si je l'eusse tirée plûtost, on ne m'auroit point donné le souflet.

MME JOBIN. Assurément.

MR GILET. Comme je vais tenir teste à mes petits Messieurs les Fanfarons qui se meslent de me railler !

MME JOBIN. Ecoutez, Mr Gilet, si vous m'en croyez, vous ne tirerez point l'Epée icy. Outre que ce seroit une nouveauté qui donneroit lieu de soupçonner quelque chose, vous ne manqueriez point à tuer quelqu'un, & un Homme tué met les Gens en peine.

MR GILET. Vous avez raison.

MME JOBIN. Il vaut mieux que vous alliez à l'Armée. Vous tuërez là autant d'Ennemis que vous voudrez ; & comme les belles actions sont aisées à faire quand on ne court aucun risque, dés vostre premiere Campagne vous pouvez devenir Mestre de Camp.

MR GILET. Mestre de Camp !

MME JOBIN. La fortune est belle.

MR GILET. Je n'en seray point ingrat. Comment ? On verroit le nom de Gilet dans la Gazette.[1] Que de joye pour mon bon homme de Pere ! Je cours trouver mon Tailleur. Il a toûjours des Habits tous prests, & je brûle de me voir en Brave.

MME JOBIN. Vous paroistrez un vray Mars.

MR GILET. Je le croy, mais voicy un Homme qui entre bien brusquement. Voulez-vous que je le fasse sortir ?

SCENE XIV.

MME JOBIN, LA GIRAUDIERE, MR GILET.

LA GIRAUDIERE. Me faire sortir, moy ?

MR GILET. Hé !

---

[1] Gazette: « Petit imprimé qu'on debite toutes les Semaines, qui contient des nouvelles de toutes sortes de pays » (Furetière). Ici la référence est, bien sûr, à la *Gazette de France*.

LA GIRAUDIERE. Comment, hé ? Quelle figure est-ce là ?

MR GILET *touchant son Epée.* Figure ! Si l'Epée jouë son jeu....

MME JOBIN *à Mr Gilet.* Sortez. Voulez-vous le tuer sans qu'il se défende ? Vous sçavez qu'il luy est impossible de vous resister.

MR GILET. A l'Armée ? Mestre de Camp ? Serviteur.

SCENE XV.

LA GIRAUDIERE, MME JOBIN.

LA GIRAUDIERE.[1] Joüez-vous icy la Comedie ?

MME JOBIN. C'est un Fou qui[2] m'étourdit il y a une heure de ses visions. Mais je vous prie, que venez-vous faire chez moy ? Je suis toute surprise de vous y voir.

LA GIRAUDIERE. J'ay une chose à vous demander.

MME JOBIN. A moy ? A une ignorante ? Vous sçavez bien que je ne sçay rien, & vous le dites par tout.

LA GIRAUDIERE. Si vous me parlez juste sur un Vol qui m'a esté fait depuis deux jours, je vous promets de ne dire jamais que du bien de vous.

MME JOBIN. On vous a donc volé quelque chose ?

LA GIRAUDIERE. Oüy, une paire de Pistolets, qui sont les meilleurs du monde, & que je voudrois avoir rachetez le double de ce qu'ils m'ont cousté. Faites-les moy retrouver ; je suis à jamais de vos Amis.

MME JOBIN. Moy ? Je ne suis point assez habile pour faire retrouver les choses perduës.

LA GIRAUDIERE. Mes Pistolets, je vous en conjure.

---

[1] Dans l'original, il y a une virgule à la place du point final.

[2] Dans l'original, il y a « gui » à la place de « qui ».

MME JOBIN. Comment pourrois-je vous dire où ils sont ? Je me mesle de la bonne Avanture, comme beaucoup d'autres, qui sont aussi ignorantes que moy ; mais faire retrouver des Pistolets !

LA GIRAUDIERE. Voulez-vous estre toûjours en colere ?

MME JOBIN. Vous le mériteriez bien. Qu'on m'apporte un Bassin plein d'eau. Un Verre me suffiroit, mais je veux que vous voyiez vous-mesme les choses distinctement ; & afin que vous ne croiyez pas que i'aye aucun interest à vous éblouïr, je vous déclare que ie ne veux point de vostre argent.

LA GIRAUDIERE. Je sçay comme il faudra que j'en use.

MME JOBIN. Voicy ce qu'il faut. *bas à Maturine.* Est-on là tout prest.

MATURINE. *bas.* Parlez hardiment, rien ne manquera.

MME JOBIN. Approchez. Regardez dans ce Bassin. Ne voyez-vous rien ?

LA GIRAUDIERE. Non.

MME JOBIN. Panchez-vous de la maniere que je fais, & regardez fixement sans détourner les yeux du Bassin. Ne voyez-vous rien ?

LA GIRAUDIERE. Rien du tout.

MME JOBIN. Rien du tout ? Il faut donc que vous ne regardiez pas bien, car je vois quelque chose moy.

LA GIRAUDIERE. Vous voyez ce qu'il vous plaist, mais cependant c'est moy qui dois voir. (*On laisse tomber un Zigzag[1] du haut du plancher[2] qui tient une toile, sur laquelle*

---

[1] Zigzag: voir Introduction.

[2] Plancher: « Construction de poutres ou de solives qui fait la separation de deux estages. On le dit tant du sol sur lequel on marche quand il est carrelé, plancheié, ou autrement uni, que de ce qui est sur la teste où on met le platfonds » (Furetière). Ici, bien sûr, le mot est employé pour designer ce qu'on appelle maintenant le plafond.

sont peints deux Pistolets sur une Table.) Ah ! je commence. Oüy, je vois mes Pistolets, ils sont sur la Table d'un Cabinet, où il me semble avoir quelquefois entré. Je... je ne vois plus rien ! Où diable faut-il que je les aille chercher ? Je ne puis me remettre le Cabinet.

MME JOBIN. Il me semble que j'ay assez fait pour vous, de vous faire voir le lieu où vous trouverez vos Pistolets.

LA GIRAUDIERE. J'aimerois bien mieux que vous m'eussiez fait voir le Voleur. Je ne serois pas en peine de les retirer.

MME JOBIN. J'ay commencé, & il ne faut pas faire les choses à demy pour vous. Regardez encor dans le Bassin ; mais n'en détournez pas la veuë, car la figure de celuy qui a pris vos Pistolets n'y paroistra qu'un moment. Que voyez-vous ?

LA GIRAUDIERE. Rien encor. (*Le mesme Zigzag fait voir un Portrait.*) Ah ! je voy.... c'est Valcreux, un de mes plus intimes Amis. Je luy cachay une Epée il y a quelque temps, il a voulu à son tour me faire chercher mes Pistolets. Je cours chez luy.

MME JOBIN. Vous y pouvez aller en toute assurance. L'épreuve que je viens de faire n'a jamais manqué.

LA GIRAUDIERE. Vous ne perdrez rien à ce que vous aurez fait pour moy. J'ay du crédit, & ce ne vous sera pas peu de chose d'avoir converty un incrédule de mon caractere. *La Giraudiere sort.*

MME JOBIN *à Maturine.* Voila qui va bien. Il semble à demy gagné, & s'il peut une fois l'estre tout à fait, il voit la Comtesse, & je ne doute point que ce qu'il luy dira de l'incident du Bassin, ne la confirme dans l'entêtement où elle est de mon prétendu Sçavoir. Tandis que j'ay un moment à moy, il faut aller donner ordre à ce qui doit éblöuir les autres Dupes qu'on m'a promis de m'amener aujourd'huy.

Fin du Premier Acte.

ACTE II.

SCENE I

MME JOBIN, MME NOBLET.

MME JOBIN. Ie vous suis bien obligée, Madame, de toutes vos libéralitez. Je me sens portée d'inclination à vous servir, & quand....

MME NOBLET. Non, Mme Jobin, ce que je viens de vous donner ne sera compté à rien, & les trois cens Loüis ne vous en seront pas moins payez, si le Mariage que je vous ay prié de rompre, ne se fait point.

MME JOBIN.[1] J'ay travaillé de tout mon pouvoir.

MME NOBLET. J'en suis convaincuë. J'ay de fidelles Espions chez le Marquis. Ils m'ont dit que la Comtesse luy a declaré qu'elle ne l'épouseroit jamais, & je voy bien que c'est là l'effet du Charme que vous m'aviez promis d'employer.

MME JOBIN. Il est bien fort, & s'il peut le vaincre, il faut que son Etoile ait bien du pouvoir.

MME NOBLET. Que ce commencement me donne déja de joye ! Ie ne me sens pas ; & si j'empesche le Marquis de se marier, je me tiendray la plus heureuse Femme du monde.

MME JOBIN. Ie vous l'ay promis. Vous serez contente.

MME NOBLET. En verité, Mme Jobin, il y va de vostre intérest de m'obliger. Vous m'avez assurée il y a longtemps que mon vieux Mary mourroit avant qu'il fust peu. Le Marquis m'a trouvé de l'esprit, & quelque mérite,[2] j'ay pris plaisir à le voir ; je l'ay aimé sans luy en rien dire, parce que j'ay crû estre bientost en état de pouvoir disposer de ma Personne, &

---

[1] Dans l'original, « Iobin ».

[2] Dans l'original, à la place de la virgule, il y a un point final.

vous estes la seule cause de cet amour. Il s'est rendu si puissant, que la perte du Marquis seroit pour moy le plus cruel de tous les malheurs. Le Mariage de la Comtesse accommode ses affaires ; & quand il m'en parle, il me siéroit mal de luy faire voir que je suis jalouse, puis que mon Bon-homme vivant toûjours, il n'y a aucune prétention qui me soit permise ; mais enfin, sur ce que vous m'avez dit bien des fois, je me flate de jour en jour qu'il mourra ; & dans la pensée que le Marquis n'aura aucune répugnance à m'épouser, je ne puis souffrir qu'il pense à une autre. Rompez ce malheur, je vous en prie. Il y va de ce que je puis avoir de plus cher, puis qu'il y va de tout mon repos. Comme il ne me croit que son Amie, il ne me soupçonne pas d'agir contre luy.

MME JOBIN. Il n'a garde de vous soupçonner. Quel intérest croiroit-il que vous y prissiez ? Vostre vieux Grison ne décampe point. Cependant vous pouvez estre son Amante en tout honneur, car je vous répons du Veuvage dans quelques mois.

MME NOBLET. C'est pour cela. Nous n'avons qu'un peu de temps à gagner. Ie me tiens sûre qu'il me prefereroit à toute autre ; mais il n'y a pas moyen de s'expliquer avant qu'estre Veuve.

MME JOBIN. Dormez en repos. Ie prens l'affaire sur moy, & tost ou tard je la feray réüssir.

MME NOBLET. N'épargne rien, ie[1] te prie, ma chere Mme Jobin ; je n'auray point de fortune qui ne soit à toy.

MME JOBIN. Mon Dieu, ce n'est point par intérest. Quand une Femme a eu quelque temps l'incommodité d'un vieux Barbon, il est bien juste de luy aider à la marier selon son cœur.

MME NOBLET. Adieu, quelqu'un entre ; nous en dirons davantage la premiere[2] fois.

---

[1] Dans l'original, « Ie ».

[2] C'est-à-dire la prochaine fois.

SCENE II.

Mme Jobin, Mr Gosselin.

Mme JOBIN. Que demandez-vous, Monsieur ? Mais que vois-je ? Est-ce que mes yeux me trompent ? Non. Quoy, mon Frere, apres dix années d'absence….

Mr GOSSELIN. Ne m'approche pas, tu m'étoufferois peut-estre en m'embrassant, ou tu me ferois entrer quelque Démon dans le corps.

Mme JOBIN. Un Démon, moy ?

Mr GOSSELIN. Tu en sçais bien d'autres.

Mme JOBIN. Me voila en bonne réputation aupres de vous ; mais encor, qui vous a donné cette pensée ?

Mr GOSSELIN. Qui me l'a donnée ? Tous ceux qui ont esté icy seulement deux jours, & qui reviennent en suite au Païs. On n'y parle d'autre chose que des diableries dont tu te mesles, & on ne veut plus me laisser Procureur Fiscal, parce qu'on dit que je suis le Frere d'une Sorciere.

Mme JOBIN. Nous vuiderons cet Article. Laissez-moy cependant vous embrasser.

Mr GOSSELIN. Ne m'embrasse pas, te dis-je ; je ne veux non plus de toy que du Diable, à moins que tu ne renonces à toutes tes Sorcelleries. C'est dequoy je me suis chargé de te prier au nom d'une Famille que tu des-honores.

Mme JOBIN. Que vous estes un pauvre Homme !

Mr GOSSELIN. Tu devines bien, je suis un pauvre Homme. I'ay des Procés qui me ruinent, & je suis venu à Paris en poursuivre un qui peut-estre me mettra à la Besace.[1]

Mme JOBIN. Hé bien, mon Frere, il faut faire solliciter pour vous, j'ay de bons Amis.

---

[1] Besace: « On dit d'un homme ruiné, qu'il est reduit à la besace » (Furetière).

MR GOSSELIN. Ie n'ay que faire de toy, ny de tes Amis.

MME JOBIN. Voila comme font la plûpart des Hommes. Ils donnent dans toutes les sottises qu'on leur debite, & quand une fois ils se sont laissez prévenir, rien n'est plus capable de les détromper. Voyez-vous, mon Frere, Paris est le lieu du monde où il y a le plus de Gens d'esprit, & où il y a aussi le plus de Dupes. Les Sorcelleries dont on m'accuse, & d'autres choses qui paroistroient encor plus surnaturelles, ne veulent qu'une imagination vive pour les inventer, & de l'adresse pour s'en bien servir. C'est par elles que l'on a croyance en nous. Cependant la Magie & les Diables n'y ont nulle part. L'effroy où sont ceux à qui on fait voir ces sortes de choses, les aveugle assez pour les empescher de voir qu'on les trompe. Quant à ce qu'on vous aura dit que je me mesle de deviner, c'est un Art dont mille Gens qui se livrent tous les jours entre nos mains, nous facilitent les connoissances. D'ailleurs, le hazard fait la plus grande partie du succés dans ce Mestier. Il ne faut que de la présence d'esprit, de la hardiesse, de l'intrigue, sçavoir le monde, avoir des Gens dans les Maisons, tenir Registre des incidens arrivez, s'informer des commerces d'amouretes, & dire sur tout quantité de choses quand on vous vient consulter. Il y en a toûjours quelqu'une de veritable, & il n'en faut quelquefois que deux ou trois dites ainsi par hazard, pour vous mettre en vogue. Apres cela, vous avez beau dire que vous ne sçavez rien, on ne vous croit pas, & bien ou mal on vous fait parler. Il se peut faire qu'il y en ait d'autres qui se meslent de plus que je ne vous dis ; mais pour moy, tout ce que je fais est fort innocent. Je n'en veux à la vie de personne, au contraire je fais du plaisir à tout le monde, & comme chacun veut estre flaté, je ne dis jamais que ce qui doit plaire.[1] Voyez, mon Frere, si c'est estre Sorciere qu'avoir de l'esprit, & si vous me conseilleriez de renoncer à une fortune[2] qui me met en pouvoir de vous estre utile.

---

[1] Ceci n'est pas strictement le cas. Elle fait plaisir à un grand nombre de ses clients, mais non, par exemple, à la Comtesse qui apprend le contraire de ce qu'elle veut entendre.

[2] Motivée principalement par un désir de gagner beaucoup d'argent, Mme Jobin est devenue riche.

MR GOSSELIN. Tu as bonne langue, & à t'entendre, il n'y a point de diablerie dans ton fait ; mais je crains bien….

MME JOBIN. Ecoutez, mon Frere, n'en croyez que vous. Demeurez seulement un jour avec moy, & vos yeux vous éclairciront de la verité. Vous en allez mesme avoir le plaisir tout présentement. Cachez-vous. Voicy une Fille qui est d'intelligence avec moy pour attraper de l'argent à sa Maîtresse. Vous entendrez tout.

SCENE III.

MME JOBIN, MLLE DU VERDIER.

MME JOBIN. Hé bien, que me viens-tu dire ?

DU VERDIER. Que Madame m'a fait descendre de Carrosse à vostre Porte, & qu'elle m'envoye sçavoir si vous estes seule.

MME JOBIN. Maturine, va dire à une Dame qui est en Carrosse dans la Ruë, qu'il n'y a personne avec moy.

DU VERDIER. Vous voyez qu'elle s'impatiente de ce que vous ne luy rendez point de réponse.

MME JOBIN. Elle a raison ; mais tu sçais qu'il nous falloit tout ce temps pour la tromper dans les formes. Il falloit luy faire chasser la Demoiselle qui la servoit, & te faire entrer en sa place sans qu'elle sçeust que je te connusse. Il falloit de plus la laisser s'accoûtumer avec toy, afin qu'elle y prist quelque confiance. Tout cela s'est fait, & nous sommes en état de luy joüer le tour que tu sçais, sans qu'elle puisse jamais découvrir la tromperie.

DU VERDIER. Ce ne sera pas par moy. Ie joüeray si bien mon Rôle, qu'elle croira que tous les Diables s'en seront meslez.

SCENE IV.

MME DE LA JUBLINIERE, MME JOBIN, MLLE DU VERDIER.

MME DE LA JUBLINIERE. Vous m'avez oubliée, Mme Jobin. Ie pensois estre plus de vos Amies.

MME JOBIN. Mon Dieu, Madame, si vous sçaviez les embarras que j'ay eus, & la peine qu'il y a à découvrir de certaines choses…. Mais enfin ne me grondez point, je suis venuë à bout de vostre affaire.

MME DE LA JUBLINIERE. Hé bien ? qu'allez-vous me faire voir ? Ie vous ay demandé quelque chose de surnaturel qui me convainque de ce que j'ay envie de sçavoir.

MME JOBIN. C'est là ce qui m'a fait estre[1] si long-temps sans vous rien dire. Il m'a fallu conjurer les Esprits les plus éclairez ; & comme ils ne m'offroient rien qui ne vous pust laisser dans quelque doute, j'ay attendu que j'aye pû les forcer à vous aller éclaircir vous-mesme chez vous.

MME DE LA JUBLINIERE. Comment chez moy ? Ie n'y suis presque jamais, & je serois bien fâchée qu'on s'apperçeust de quelque fracas.

MME JOBIN. Ils sont discrets, & ne feront rien que tout le monde ne soit endormy.

MME DE LA JUBLINIERE. Et quand croyez-vous qu'ils viennent ?

MME JOBIN. Cette nuit mesme.

MME DE LA JUBLINIERE. Cette nuit !

MME JOBIN. Il semble que vous ayez peur. Ne craignez point, vous ne verrez point de Figures effroyables, & ce que vous entendrez de bruit ne vous obligera point à trembler. Afin que vous soyez persuadée qu'il n'y peut avoir de tromperie, visitez

---

[1] Dans l'original, il y a « ce que m'a fait estre ». Cette erreur est signalée par l'éditeur.

ce soir vostre Chambre avant que de vous coucher, pour voir si vous serez seule, & prenez-en la clef, afin que personne n'y puisse entrer.

MME DE LA JUBLINIERE. Mais Du Verdier que voila y couche.

DU VERDIER. Ah, Madame, qu'à cela ne tienne, je seray ravie de coucher ailleurs. Iamais personne n'eut tant de peur des Esprits que moy.

MME JOBIN. Il dépendra de Madame de vous y faire coucher, ou non. Cela ne fait rien à l'affaire.

MME DE LA JUBLINIERE. Et moy qui me connois tres-bien, je trouve que cela y fait beaucoup. Mais achevez, qu'arrivera-t-il ?

MME JOBIN. Vous voulez sçavoir si vostre Mary mourra avant vous ? Attachez-vous à ce que je vay vous dire. Il y a dans vostre Alcove un petit Cabinet sur lequel sont des Porcelaines. La grosse Urne qui est au milieu, tombera d'elle-mesme à quelque heure de la nuit. Si elle se casse, vostre Mary mourra le premier ; & si elle ne se casse point, ce sera vous qui marcherez la premiere. Cette marque est aussi surnaturelle qu'il y en ait, & vous voyez bien que je ne suis pas de ces Femmes qui n'ont que de l'adresse & des paroles. C'est chez vous que la chose se passera, & je n'y seray pas pour faire tomber vostre Urne. Mais quoy, vous resvez ?

MME DE LA JUBLINIERE. Il est vray, je vois que je me suis engagée trop avant, & j'apréhende d'avoir peur.

DU VERDIER. Pour moy, Madame, je ne croy pas avoir peur ; car vous me dispenserez, s'il vous plaist, de coucher dans vostre Chambre.

MME DE LA JUBLINIERE. Il faudra bien que vous y couchiez.

DU VERDIER. Madame, je voudrois donner ma vie pour vous, mais vous sçavez que dés qu'il est nuit je ne fais pas trois pas que je ne m'imagine avoir quelque Fantôme à ma queuë. Quel avantage auriez-vous de me voir évanoüye de frayeur ?

MME DE LA JUBLINIERE. Mais quand nous aurons bien fermé la Chambre, & qu'apres avoir cherché par tout, nous serons certaines qu'il n'y aura personne que nous, le bruit d'une Porcelaine qui tombera doit-il tant nous effrayer ?

DU VERDIER. Oüy, mais elle ne tombera point que quelque[1] main invisible ne la pousse, & je crains bien qu'apres le coup fait, cette main ne vienne mal à propos s'appliquer sur nous. On dit qu'un Esprit est un lourd frapeur.

MME JOBIN. Je vous ay voulu laisser dire ; mais enfin vous n'aurez peur ny l'une ny l'autre, & je vous feray dormir toutes deux si tranquilement, que vous ne vous réveillerez que par la chûte de l'Urne.

DU VERDIER. Oh ! je suis fort assurée que je ne dormiray pas un seul moment.

MME DE LA JUBLINIERE. C'est une Poltrone qui tremble de tout. Adieu, je suis résoluë à sçavoir ma destinée ; & si ce que vous m'avez dit arrive, tenez-vous seûre de ce que je vous ay promis.

SCENE V.

MME JOBIN, LA PAYSANE.

LA PAYSANE.[2] Bonjour, Madame. Est-ce que vous qui sçavez tout, & qui s'appelle Mme Jobin ?

MME JOBIN. Oüy, Mamie, c'est moy.

LA PAYSANE. Je vous prie, Madame, de me donner viste ce que je vous viens demander. Car il faut que je m'en retourne trouver ma Tante qui m'attend chez son Mary qui sert chez une des pû grande Marquise de la Cour. Je luy ay dit que

---

[1] Dans l'original, « que que quelque ».

[2] La paysanne semble parler avec un accent (elle dit, par exemple, « v'là » au lieu de « voilà », « pû » au lieu de « plus » etc.). Elle emploie aussi quelques expressions archaïques (« grands dames » et « grands filles »).

j'allois voir ma Cousine qui nourrit un Enfant dans ce quartier, & je suis vistement accouruë icy.

MME JOBIN. Hé bien, qu'est-ce que vous voulez ?

LA PAYSANE. Ce que je veux ?

MME JOBIN. Oüy.

LA PAYSANE. Oh ! me vla bien chanseuse. Parce que je suis Villageoise, vous ne voulez rien faire pour moy.

MME JOBIN. Non, Mamie, je feray autant pour vous que je ferois pour une Princesse.

LA PAYSANE. Faites-le donc, je vous prie.

MME JOBIN. Vous ne m'avez pas dit ce que vous voulez.

LA PAYSANE. Je voy bien qu'on m'a trompée. Je croyois que c'estoit à Mme Jobin à qui je parlois.

MME JOBIN. Je suis Mme Jobin.

LA PAYSANE. Vous n'estes donc point celle qui devine ?

MME JOBIN. Je suis celle qui devine.

LA PAYSANE. Si vous l'estiez, vous auriez déja deviné ce que je veux. Car voyez-vous, la Mme Jobin que je veux dire, al devine tout. J'ay veu quelquefois de bien grands Dames chez le Seigneur de noste Village, & comme je suis curieuse, je venois écouter ce qu'ils disoient, & ils disoient que vous deviniez tout.

MME JOBIN. Ils disoient vray. Il n'y a rien que je ne devine.

LA PAYSANE. Que ne devinez-vous donc pour moy ? Je ne vous demande pas ça pou rien, & vous estes assurée que je vous payeray ; car comme vous sçavez tout, vous sçavez bien que quelqu'un m'a donné de l'argent sans l'avoir dit à ma Mere.

MME JOBIN. Et ! oüy, je le sçay bien, & que ce quelqu'un-là vous aime.

LA PAYSANE. Ah ! vous avez deviné, & pisque vous le sçavez, vous sçavez le reste.

MME JOBIN.   Oüy, je sçay le reste, & que vous aimez ce quelqu'un.

LA PAYSANE. Est-ce qu'il ne faut pas l'aimer, puis qu'il m'aime, il me le dit tous les jours pus de cent fois ? Il se lamente, il fait de grands soûpirs, & dit qu'il mourra si je ne luy donne mon amiquié ; & comme il est un fort beau jeune Monsieur, ie ne voudrois pas estre cause de sa mort.

MME JOBIN. Il y auroit de la cruauté. Mais que faites-vous pour l'empescher de mourir ?

LA PAYSANE. Eh ![1] je luy dis que ie l'aime.

MME JOBIN. Et ne faites-vous rien davantage ?

LA PAYSANE. Dame, il n'y a encor que deux jours que je luy ay dit, car ie voulois sçavoir s'il m'aimoit du bon du cœur ; mais quand ie luy dis ça, il est si aise, si aise.

MME JOBIN. Ie le croy. Il vous trouve bien gentille ?

LA PAYSANE. Oh oüy. Il m'appelle sa ptite bouchonne, & me dit tant de jolies ptites choses.

MME JOBIN. Voila qui va bien, pourveu.....

LA PAYSANE. Il m'a promis qu'il m'épousera.

MME JOBIN. Et quand ?

LA PAYSANE. Vous le sçavez bien, & c'est pour ça que je viens icy.

MME JOBIN. Ecoutez, ma Fille, n'allez pas luy rien accorder que vous ne soyez sa Femme.

LA PAYSANE. J'erois pourtant bien envie de luy pouvoir accorder ce qu'il me demande.

---

[1] Dans l'original, « Eh ! ».

MME JOBIN. Gardez vous-en bien.

LA PAYSANE. Pourquoy ? Il n'y a pas de mal à ça. Presque toutes les grands Dames en ont, & toutes les grands Filles de noste Village, & je venois vous prier de m'en faire avoir aussi.

MME JOBIN *bas*. Ie suis à bout, & je ne sçay plus par où m'y prendre. I'aurois plûtost fait donner une Personne d'esprit dans le panneau.

LA PAYSANE. Combien faut-il que je vous donne pour ça ? S'il les faut payer par avance, j'ay apporté une Piéce d'or.

MME JOBIN. Ie sçay fort bien ce que vous souhaitez avoir, & je m'en vais vous le dire, si vous voulez.

LA PAYSANE. Eh ie vous en prie.

MME JOBIN. Oüy, mais je ne pourray plus rien faire pour vous ; car quoy que je devine tout, il faut que les Gens qui me demandent quelque chose, me le disent eux-mesmes, afin de montrer le consentement qu'ils y apportent.

LA PAYSANE. Ie vous diray, c'est ça, apres que vous me l'erez dit. N'est-ce pas tout un ?

MME JOBIN. Il y a bien de la diférence.

LA PAYSANE. Ie n'oserois vous le dire. Faites queuque chose pour l'amour de moy. Tenez, vla ma Piece d'or, je vous la donne pûtost toute entiere.

MME JOBIN. Ne craignez rien. Personne ne nous entend.

LA PAYSANE. Ie suis trop honteuse. Rendez-moy ma Piéce, j'aime mieux n'en point avoir.

MME JOBIN. Dequoy dites-vous que vous aimez mieux ne point avoir ?

LA PAYSANE. Ie dis que j'aime mieux ne point avoir de Tétons, que d'en demander.

MME JOBIN. Voila ce que c'est. Ce sont des Tétons que vous demandez ; & dés que je vous ay veuë, ie mourois d'envie de vous en promettre ; mais pour vous en faire venir, il falloit vous entendre prononcer le mot. Ce n'est pas pourtant un mot si terrible à dire.

LA PAYSANE. Ie le dis bien quand je suis toute seule aveuc Bastiane. Ils commencent déia à luy pousser.

MME JOBIN. Allez, ma Fille, avant qu'il soit trois ou quatre mois, assurez-vous que vous aurez des Tétons.

LA PAYSANE. Quoy, j'en eray ? Que me vla aise !¹ Ie n'ay donc pû guere de temps à n'estre point mariée ; car le Fils du Seigneur de noste Village m'a dit qu'il m'épouseroit dés que j'en erois.

MME JOBIN. Revenez dans cinq ou six jours, je vous donneray des Biscuits que je feray faire ; car il faut du temps & de l'argent pour cela, & dés que vous en aurez mangé, vos Tétons commenceront à grossir.

LA PAYSANE. On disoit bien que vous estiez une bien habile Madame. Adieu, je vous remercie, je ne donneray de mes Biscuits à personne. Si mes Compagnes ont de ce qu'ils me feront venir, ce ne sera toûjours qu'apres moy.

SCENE VI.

MME JOBIN, LE CHEVALIER.

MME JOBIN. Ah ! Monsieur le Chevalier.

LE CHEVALIER. Je regardois une fort agréable Paysane qui sort.

MME JOBIN. Vous voyez, j'ay commerce avec toute sorte de monde. Mais qu'avez-vous donc fait depuis si long-temps ?

LE CHEVALIER. J'ay esté jaloux comme un Diable,² & aussi malheureux que vous me l'aviez prédit.

---

¹ Dans l'original, « aise *!* ».

² Dans l'original, il y a « comme le Diable ». Cette erreur est signalée par l'éditeur.

MME JOBIN. Le Mestier d'Amant est un peu rude.

LE CHEVALIER. La jeune Veuve dont je vous ay dit que j'estois si amoureux, apres m'avoir donné force assurances de sa tendresse, s'est avisée de recevoir des Visites qui m'ont chagriné. J'en ay soûpiré, je m'en suis plaint, ces marques d'amour ont passé chez elle pour tyrannie. Elle en a vû mes Rivaux encor plus souvent ; & enfin par le conseil d'une de ses Parentes qui est dans mes intérests, j'ay voulu voir si en m'éloignant je ne luy ferois point changer de conduite. Je luy ay marqué que je partois pour me mettre dans l'impossibilité de l'accabler de mes plaintes ; la fierté l'a empeschée de me retenir. Je suis party en effet, & apres avoir passé deux jours à vingt lieuës d'icy,[1] où plusieurs Personnes qui luy écrivent m'ont vû, je suis revenu en secret, & je demeure caché à Paris depuis six jours, afin qu'elle me croye toûjours à la Campagne. La chose a réüssy comme nous l'aviõs pensé. Mon absence luy a fait peine, elle voit mes Rivaux & plus rarement & plus froidement, & souhaite d'autant plus mon retour, que la Parente dont je vous ay parlé l'a piquée à son tour de jalousie. Elle luy a fait croire que pour me consoler de mes chagrins, je pourrois bien voir quelque aimable Personne au lieu où elle me croit, & en devenir amoureux. Cette crainte luy a fait prendre la résolution de vous venir voir aujourd'huy, pour sçavoir de vous ce qu'elle doit croire de moy. J'en ay esté averty par sa Parente, & vous voyez qu'il est en vostre pouvoir de me rendre heureux, en luy persuadant qu'on ne peut l'aimer avec plus de passion que je fais.

MME JOBIN. Qu'elle vienne seulement, je répons du reste.

LE CHEVALIER. J'ay à vous dire qu'elle ne manque pas d'incrédulité sur le Chapitre des Diseurs de bonne Avanture, & que vous viendrez difficilement à bout de luy persuader ce que vous luy direz à mon avantage, si vous ne la préparez à vous croire par quelque chose d'extraordinaire.

---

[1] Dans l'original, il y a « d icy », sans apostrophe.

70

MME JOBIN. Ne tient-il qu'à y mesler un peu de ma diablerie ? Attendez. Ce qui me tombe en pensée l'étonnera, & ne sera pas mal plaisant.[1]

SCENE VII.

MME JOBIN, LE CHEVALIER, MATURINE, DME FRANCOISE.

MME JOBIN. Maturine, faites-moy descendre Dme Françoise.

MATURINE. La voila. Nous estions ensemble sur la montée.

MME JOBIN. Approchez, Dme Françoise, j'ay à vous dire deux mots. *Elle luy parle à l'oreille.*

DME FRANCOISE. Bien, Madame, je m'y en vay tout à l'heure.

MME JOBIN. Ecoutez encor.

DME FRANCOISE. Je ne manqueray à rien.

MME JOBIN. Faites tout comme la derniere fois, & que Du Clos se tienne prest ; Maturine vous fera entrer quand il sera temps.

SCENE VIII.

MME JOBIN, LE CHEVALIER.

LE CHEVALIER. Afin que vous ne preniez pas mon aimable Veuve pour quelque autre, elle m'a donné son Portrait. Il faut vous le faire voir. Examinez-le, il n'y a rien de plus ressemblant.

MME JOBIN. Vous avez lieu d'en estre touché, c'est une fort belle Brune.

LE CHEVALIER. Ecoutez, Mme Jobin, si vous l'obligez une fois à vous croire, je crains qu'elle ne vous mette à de trop fortes épreuves ; car sa Parente m'a averty qu'elle vient

---

[1] A noter que Mme Jobin prend souvent plaisir à ses propres tours.

particulierement vous trouver à la priere d'une Comtesse[1]
qu'elle a veuë depuis une heure, & qui l'a fortement assurée
qu'elle ne vous demandera rien que vous ne fassiez.

MME JOBIN. Est-elle tout-à-fait persuadée que vous ne soyez point
à Paris ?

LE CHEVALIER. Ses Gens m'ont vû monter à Cheval.   Elle a
écrit au lieu où je luy ay marqué que j'allois ; on luy a mandé
qu'on m'y avoit vû, & hier encor elle reçeut une Lettre d'un
de nos Amis communs de ce Païs-là, qui feignoit qu'il me
venoit de quitter tout accablé de douleur. Je l'avois prié en
partant de luy écrire de cette sorte, afin que mon retour luy
fust caché.   Ainsi elle ne doute point que je ne sois encor à
vingt lieuës d'elle.

MME JOBIN. Puis que cela est, je veux luy faire naître l'envie de
vous voir. Voicy un Miroir que j'avois fait préparer pour une
autre affaire,[2] je m'en serviray pour vous.   Quand vostre
Marquise sera icy, & que vous m'aurez entendu faire une
maniere d'Invocation, vous n'aurez qu'à venir derriere ce
Miroir baisant son Portrait. Elle vous sçaura bon gré de cette
marque d'amour.

LE CHEVALIER. Mais comment me verra-t-elle, si je suis derriere
le Miroir ?

MME JOBIN. Ne vous mettez en peine de rien. Vous vous retirerez
apres quelques baisers donnez au Portrait ; & si je vous
demande quelque autre chose, vous le viendrez faire.

LE CHEVALIER. Elle a de la défiance & de l'esprit, prenez
garde….

MME JOBIN. Fiez-vous à moy, je ne feray rien mal à propos.

---

[1] La Comtesse d'Astragon.

[2] Le Financier raconte que Mme Jobin lui avait montré sa belle brune dans un miroir (voir IV, 1).

SCENE IX.

Mme JOBIN,[1] LE CHEVALIER, MATURINE.

MATURINE. Voila une belle Dame qui demande si vous estes seule.

LE CHEVALIER. Si c'estoit elle !

Mme JOBIN. As-tu remarqué si elle est blonde ou brune ?

MATURINE. Elle est brune.

Mme JOBIN. Sortez viste, vous n'aurez qu'à nous écouter. Souvenez-vous seulement de ce que je vous ay dit du Miroir. Toy, fais-là venir, & te tiens en suite aupres de moy. Je te feray signe quand il faudra faire entrer Dme Françoise. Voyons si la Dame qu'on me peint si incrédule, conservera toûjours sa force d'esprit. C'est elle assurément, elle ressemble au Portrait.

SCENE X.

Mme JOBIN, LA MARQUISE, MATURINE.

LA MARQUISE. Enfin, Madame, vous me voyez chez vous. Vous estes à la mode, & il faut bien suivre le torrent comme les autres.

Mme JOBIN. Je sçais si peu de chose, Madame, que vous aurez peut-estre regret à la peine que vous vous donnez.[2]

LA MARQUISE. On m'a dit de grandes merveilles de vous, & j'ay vû encor aujourd'huy une de mes Amies qui renonce à ce qui la flateroit le plus, parce que vous l'avez assurée qu'il luy en arriveroit de grandes disgraces.

Mme JOBIN. Je ne sçay qui c'est ; mais si je luy ay prédit quelque malheur, elle doit le craindre, je ne trompe point.

---

[1] Dans l'original, il y a « Mme JOBI ».

[2] Dans l'original, il y une virgule à la place du point final.

LA MARQUISE. Quand vous tromperiez, vous sçauriez toûjours beaucoup, puis que vous sçauriez tromper d'habiles Gens.

MME JOBIN. Il me faudroit plus d'adresse pour cela que pour leur dire la verité.

LA MARQUISE. Voyons si vous pourrez me la dire. Voila ma main.

MME JOBIN. Toutes les lignes marquent beaucoup de bonheur pour vous.

LA MARQUISE. Passons, cela est general.

MME JOBIN. Vous estes Veuve, & parmy beaucoup d'Amans que vous avez, il y en a un qui vous touche plus que les autres, quoy qu'il soit le plus jaloux. *La Devineresse fait signe à Maturine, qui sort en suite.*

LA MARQUISE. C'est quelque chose que cela.

MME JOBIN. Il est absent depuis quelque temps, & vous l'avez assez maltraité pour craindre que l'éloignement ne vous le dérobe.

LA MARQUISE. Cela peut estre.

MME JOBIN. N'en craignez rien, il n'aime que vous, & vous rendra la plus heureuse Femme du monde, si vous l'épousez.

LA MARQUISE. Ce commencement n'est point mal ; mais franchement je suis d'une croyance un peu dure, & si vous voulez me persuader de vostre Sçavoir, il faut que vous me disiez plus qu'aux autres.

MATURINE *rentrant*. Voila une Femme qu'on vous amene. Elle dit qu'elle est venuë de bien loin pour vous trouver.

MME JOBIN. Ne sçaviez-vous pas que Madame estoit icy ? Courez luy dire qu'elle revienne dans une heure, je n'ay pas le temps de luy parler.

MATURINE. Si vous l'aviez veuë, vous auriez eu pitié d'elle. Elle est si incommodée, que je n'ay pas eu le cœur de la renvoyer.

La voila. Regardez comme elle est bastie, je n'en ay jamais veu une de mesme.

LA MARQUISE. Elle merite que vous l'expediyez promptement. Ecoutez-la, j'auray patience.

Mme JOBIN. Il me fâche de vous faire perdre du temps.[1]

SCENE XI.

Mme JOBIN, LA MARQUISE, Dme FRANCOISE *vestuë en Dame & extraordinairement enflée.* MATURINE.

Dme FRANCOISE *à la Marquise.* Madame, vostre réputation est si grande, que je suis venuë vous prier….

LA MARQUISE. Vous vous méprenez, Madame, ce n'est pas moy qui suis Mme Jobin.

Dme FRANCOISE. Pardonnez-moy, je suis si troublée du mal que je souffre….

LA MARQUISE *à Me Iobin.* Guerissez-là, vous ferez une belle cure, & apres cela il y aura bien des Gens qui croiront en vous.

Mme JOBIN. J'en viendrois peut-estre plus aisément à bout que les Medecins.

Dme FRANCOISE. Je n'en doute point. Ie les ay presque tous consultez, & mesme ceux de la Faculté de Montpellier,[2] mais ils ne connoissent rien à mon mal, & ils disent qu'il faut que ce soit un Sort qu'on m'ait donné.

Mme JOBIN. Il y a bien de l'apparence.

Dme FRANCOISE. Faites quelque chose pour moy. On m'a dit que vous ne sçaviez pas seulement deviner, mais que vous guérissiez quantité de maux avec des Paroles.

---

[1] Les lettres dans l'original ne sont pas très bien formées : on hésite entre « temps » et « remps ».

[2] La grande rivale de la Faculté de Paris, la Faculté de Médecine de Montpellier a la réputation de favoriser les méthodes modernes, comme des remèdes chimiques.

MME JOBIN. Le vostre est un peu gaillard.

DME FRANCOISE. Je ne demande pas que vous me desenfliez tout-à-fait, je ne veux qu'un peu de soulagement.

LA MARQUISE *à Me Iobin*. Vous ne devez pas refusez Madame. Ce ne sera pas une chose si difficile pour vous que de la guérir. On en publie de bien plus surprenantes que vous avez faites.

MME JOBIN *à la Marquise*. Dites le vray. Celle-cy vous paroist au dessus de mon pouvoir ?

LA[1] MARQUISE. J'avoüe que je vous croiray une habile Femme, si vous faites un pareil miracle.

MME JOBIN. Il faut vous en donner le plaisir. Aussi bien il y a de la charité à ne pas laisser souffrir les affligez.

LA MARQUISE. Quoy, vous guérirez cette enflure en ma présence ?

MME JOBIN. En vostre présence, & vous l'allez voir. Je prétens qu'avant que Madame sorte d'icy, il ne luy en reste pas la moindre marque.

LA MARQUISE. C'est dire beaucoup.

DME FRANCOISE *à Me Iobin*. Eh ! Madame, ne me promettez point ce que vous ne sçauriez tenir. Il y a plus de trois ans que le mal me tient, & je serois bien heureuse si vous m'en pouviez guérir en trois mois. Les Medecins & les Empiriques[2] y ont employé tous leurs Remedes.

MME JOBIN. Je vais vous faire voir que j'en sçay plus qu'eux. Mais il faut que vous trouviez quelqu'un assez charitable pour recevoir vostre enflure ; car comme elle vient d'un Sort qui doit avoir toûjours son effet, je ne puis la faire sortir de vostre

---

[1] Dans l'original, « LE ».

[2] Empirique: « C'est un Medecin qui se vante d'avoir quelques secrets fondez sur l'experience, et qui ne s'attache pas à la methode ordinaire de guerir » (Furetière).

corps qu'elle ne passe dans celuy d'un autre, Homme ou Femme, comme vous voudrez, cela ne m'importe.

LA MARQUISE[1] *à Me Iobin.* Vous vous tirez d'affaires par-là. Personne ne voudra recevoir l'enflure, vous en voila quitte.

DME FRANCOISE. C'est bien assez que vous ne me sçachiez guérir, il ne falloit pas vous moquer encor de moy.

MME JOBIN. Je ne me moque point de vous. Trouvez quelqu'un, & je vous desenfle.

DME FRANCOISE. Où le trouver ? Il ne tiendroit pas à de l'argent. Si vostre Servante veut prendre mon mal....

MATURINE. Moy, Madame ? Je ne le ferois pas quand vous me donneriez tout vostre bien. Qu'est-ce qu'on croiroit, si on me voyoit un ventre comme le vostre ? On ne diroit pas que ce seroit vostre enflure.

LA MARQUISE. Vous avez une Fille d'ordre, elle craint les Médisans.

MME JOBIN. Il n'y a icy que des Gens d'honneur.

LA MARQUISE *à Dme Françoise.* Je voudrois voir cette expérience. Ne connoissez-vous personne qui pust se laisser gagner ? On fait tant de choses pour de l'argent.

DME FRANCOISE. Je chercheray. Mais il faut du temps pour cela. Attendez. J'ay là-bas le Valet de mon Fermier. Peut-estre voudra-t-il bien faire quelque chose pour moy.

LA MARQUISE. Viste, qu'on appelle le Valet du Fermier de Madame.

MATURINE. J'y cours.

MME JOBIN. Si ce Valet veut, je ne demande qu'un demy quart d'heure, & Madame se trouvera desenflée.

LA MARQUISE. Je le croiray, quand je l'auray vû.

---

[1] Dans l'original, « MARQVISE ».

SCENE XII.

Mme JOBIN, LA MARQUISE, Dme FRANCOISE, DU CLOS
vestu en Paysan sous le nom de Guillaume, MATURINE.

Dme FRANCOISE. Ecoute, mon pauvre Guillaume.

DU CLOS. Oh ! la Servante m'a dit ce que c'est, mais je vous
remercie de bien bon cœur. J'aurois trop peur de créver, si
j'estois enflé comme vous, ou de ne desenfler jamais.

Dme FRANCOISE. Mais écoute-moy.

DU CLOS. Tout franc, Madame, on ne fait point venir les Gens à
Paris pour les faire enfler.

Dme FRANCOISE. Outre dix Pistoles que je te donneray dés
aujourd'huy, je te promets de te nourrir toute ta vie sans rien
faire.

DU CLOS. Dix Pistoles, & je ne feray rien ? C'est quelque chose.

LA MARQUISE. Tien, en voila encor six que je te donne, afin que
tu ayes meilleur courage.

DU CLOS. Vous me faites prendre, mais pourtant je voudrois bien
n'estre point enflé.

Mme JOBIN *à Du Clos.* J'ay à te dire que quand j'auray fait passer
l'enflure, ce ne sera pas comme à Madame, tu ne souffriras
pas son mal ; & puis tu n'auras qu'à m'amener quelque
Misérable qui prendra ta place. C'est pour faire la fortune
d'un Gueux féneant.

DU CLOS. Puis que cela est, vous n'avez qu'à faire, me voila
prest ; mais ne m'enflez guére,[1] je vous en prie.

Mme JOBIN. On ne s'en apercevra presque pas. Viens. Mets-toy
là. (*Elle les fait assoir l'un & l'autre.*)[1]

---

[1] Dans l'original, il y a « enflez guere », sans accent. L'éditeur signale que cela
devrait être « enflez guére ».

DME FRANCOISE. Je tremble.

LA MARQUISE *bas.* Cela va loin, & je ne sçay presque plus où j'en suis.

MME JOBIN. (*Elle les touche tous deux & prononce quelques paroles barbares.*) Qu'on ne dise rien.

DME FRANCOISE. Ah, ah.

DU CLOS. Ah, ah.

DME FRANCOISE. Eh ! Madame, eh, eh.

DU CLOS. Ah, ah, ah, quel tintamare je sens dans mon corps ! je croy que l'enflure va venir.

DME FRANCOISE. Ah, ah, ah ! Je sens que l'enflure s'en va, eh, eh, eh ! Je desenfle, ah, ah, ah !

DU CLOS. Ah oüy, l'enflure ; Hé oüy, l'enflure vient, j'enfle.

DME FRANCOISE. Je desenfle, ah, je desenfle. Hé, hé, hé.

DU CLOS. J'enfle, j'enfle, hola, hola. Ah, j'enfle, j'enfle, j'enfle ; ah, ah, ah, c'est assez, que l'enflure arreste, en voila la moitié davantage que Madame n'en avoit. On m'a trompé, & je suis plus gros qu'un tonneau.

DME FRANCOISE *se levant.* Ah ! Madame, que me voila soulagée !

MME JOBIN *à la Marquise.* Hé bien, Mesdames, qu'en dites-vous ?

LA MARQUISE. Il y a plus à penser qu'à dire.

DME FRANCOISE. Suis-je moy-mesme, & ce changement est-il bien croyable ? Je ne souffre plus. Je suis guérie. Quelle joye ! Ce n'est point assez que trente Loüis qui sont dans ma Bourse. Prenez encor cette Bague en attendant un autre

---

[1] Dans l'original, il y a une troisième parenthèse avant « l'autre » parce que la didascalie est divisée entre deux lignes.

présent. Adieu, Madame, j'ay impatience de m'aller montrer, je croy que personne ne me connoistra. Suy moy, Guillaume.

DU CLOS. Je ne suis pas si pressé moy. Vous estes plus legere, & je suis plus lourd. On va se moquer de moy. La belle operation ! Hi, hi, hi, hi.

MATURINE. Te voila bien empesché, trouve quelque Gueux, il y en a mille qui seront ravis d'avoir ton enflure.

SCENE XIII.

LA MARQUISE, Mme JOBIN, MATURINE.

LA MARQUISE. Qu'ay-je vû ? Est-ce que mes yeux m'ont trompée ?

Mme JOBIN. Vous avez vû, Madame, un petit essay de ce que peut une Femme qui ne sçait rien.

LA MARQUISE. J'en suis immobile d'étonnement, & quand ce seroit un tour d'adresse, à quoy il n'y a pas d'apparence, je vous admirerois autant de l'avoir fait que si tout l'Enfer s'en estoit meslé. Mais puis que vous pouvez tant, ne vous amusez point à des paroles pour moy. Je voudrois voir quelque chose de plus fort sur ce qui regarde mon Amant.

Mme JOBIN. Vous estes en peine de ce qu'il fait où il est ?

LA MARQUISE. Je vous l'avouë.[1]

Mme JOBIN. Le voulez-vous sçavoir par vous-mesme ? Deux mots prononcez le feront paroistre icy devant vous.

LA MARQUISE. Je ne serois point fâchée de le voir, mais....

Mme JOBIN. Vous balancez ? N'ayez point de peur. La veuë d'un Amant n'est jamais terrible.

LA MARQUISE. Et ne verray-je que luy ?

_____

[1] Dans l'original, il y une virgule à la place du point final.

MME JOBIN. Selon qu'il est seul présentement, on en compagnie.

LA MARQUISE. Voyons. Il me seroit honteux de trembler. Il se divertit peut-estre agréablement sans penser à moy.

MME JOBIN. Esprit qui m'obéïs, je te commande de faire paroistre la personne qu'on souhaite voir. *à Maturine.* Tirez ce Rideau. Il ne sçauroit tarder un moment. (*On voit paroistre le Chevalier*[1] *dans le Miroir*)

LA MARQUISE. C'est le Chevalier. Le voila luy-mesme. Que fait-il ?

MME JOBIN. Il a les yeux attachez sur un Portrait.

LA MARQUISE. C'est le mien, je le reconnois au Ruban.

MME JOBIN. Vous devez estre contente, il le baise avec assez de tendresse.

LA MARQUISE. Que je suis surprise ! Mais il est déja disparu. La joye de le voir m'a peu duré.

MME JOBIN. Vous n'avez point d'Amant si fidelle, ny qui vous aime avec tant d'ardeur.

LA MARQUISE. Je n'en doute point apres ce que vous m'avez fait voir. Mais n'y a-t-il point moyen de le rappeller aupres de moy ?

MME JOBIN. Rien n'est si aisé. Ecrivez-luy qu'il parte sur l'heure, il prendra la Poste, & vous le verrez dés ce soir mesme.

LA MARQUISE. Dés ce soir mesme ! Et il nous faut le reste du jour pour luy envoyer ma Lettre.

MME JOBIN. Laissez-moy ce soin, j'ay des Messagers à qui je fais faire cent lieuës en un moment. Vous aurez réponse avant que vous sortiez d'icy.

---

[1] Dans l'original, il y a « Marquis » à la place de « Chevalier ». Cette erreur est signalée par l'éditeur.

LA MARQUISE. J'auray réponse ? Voyons jusqu'au bout. Voila des choses dont je n'ay jamais entendu parler.

MME JOBIN. Avancez la Table. Il y a une Ecritoire dessus. Il faut, s'il vous plaist, que vous écriviez ce que je vais vous dicter. *Il m'ennuye de vostre absence. Mandez-moy par ce Porteur si vous vous résoudrez à la finir, & si je puis vous attendre ce soir chez moy.* Cela suffit, c'est à moy à cacheter ce Billet. Il y faut un peu de cérémonie que vous ne pourriez voir sans frayeur. Je reviens dans un moment. *La Devineresse sort.*

LA MARQUISE. J'ay fait l'Esprit fort, mais je commence à n'estre pas trop assurée.

MATURINE. Il n'y a rien à craindre. C'est une maniere de Chathuan qu'elle a là-dedans, à qui elle va parler. Il est laid, mais il ne fait jamais de mal à personne.

LA MARQUISE. J'avoüe que tout ce qu'elle fait me confond.

MATURINE. Elle est bien habile, & si je vous avois dit...

MME JOBIN *rentrant.* A l'heure qu'il est, il faut que vostre Billet soit rendu.

LA MARQUISE. Quoy, si promptement ?

MME JOBIN. Vous allez le voir. Par tout le pouvoir que j'ay sur toy, je t'ordonne de faire paroistre de nouveau celuy que nous avons déja vû. (*Le Chevalier paroist une seconde fois dans le Miroir.*)

LA MARQUISE. Il revient. Il a mon Billet. Quels transports[1] de joye !

MME JOBIN. Ces marques d'amour vous fâchent-elles ?

LA MARQUISE. Il prend la Plume.

---

[1] Dans l'original, « tranports ».

MME JOBIN. C'est pour vous écrire. Dés le moment que mon Porteur aura sa réponse, il quitera le corps qu'il a pris, & viendra vous la mettre entre les mains.

LA MARQUISE. A moy ? Qu'il ne m'approche pas, je vous prie.

MME JOBIN. Rassurez-vous. Elle tombera à vos pieds sans que vous voyiez personne.

LA MARQUISE. On luy apporte de la lumiere, il la cachete, il s'en va. Tout le corps commence à me frissonner.

MME JOBIN. Il me semble que les choses se passent assez doucement. Vous n'avez rien vû que d'agréable, & je vous ay épargné tout ce qui auroit pû vous faire peur.[1]

LA MARQUISE. Il est vray, mais quoy que je ne sois pas naturellement timide, j'ay vû tant de choses, que je ne croyois point faisables, que je ne m'assure presque pas d'estre moy-mesme.

MME JOBIN. Au moins faites-moy la grace de ne rien dire. Il y a de certains Esprits mal tournez... Mais mon Porteur a fait diligence. Voicy la réponse. Prenez. (*On voit tomber une Lettre du haut du plancher.*)[2]

LA MARQUISE. Comment ? Toucher à ce qui a esté apporté par un Esprit ?

MME JOBIN. Lisez. Le Charme a eu son effet, & vous ne devez pas craindre qu'il aille plus loin.

LA MARQUISE. *Elle lit.* C'est son écriture. Qui l'eust jamais crû ! *Ie pars sur l'heure, Madame, & doute fort que vostre Porteur vous voye avant moy. Vn Amant attendu de ce qu'il adore devance toûjours le plus prompt Courrier.* Adieu, Madame, je suis si interdite de ce qui m'arrive, qu'il m'est impossible de raisonner. Je vous reverray. Si je ne vous

---

[1] Ce qu'elle dit s'applique à la pièce en entier, par rapport à l'Affaire des Poisons.

[2] Comme avant, « plancher » veut dire plafond. Le point final manque dans l'original.

marque pas ma reconnoissance dés aujourd'huy, vous ne perdrez rien au retardement.

MME JOBIN. Vous en userez comme il vous plaira. Je vous demande seulement le secret. *à Mat.* Conduis-là des yeux, & ne nous laisse pas surprendre. *Elle s'en retourne fort étonnée.* Jamais Magie n'a mieux operé.

MATURINE. Parlez en toute assurance, elle est partie, & je croy que si on s'en rapporte à elle, il n'y aura jamais eu une plus grande Sorciere que vous.

SCENE XIV.

MME JOBIN, LE CHEVALIER, MATURINE.

MME JOBIN. Hé bien ? Qu'est-ce, Mr le Chevalier ? Vous ay-je servy ?

LE CHEVALIER. Je te dois la vie, & je ne sçaurois trop payer ce que tu as fait pour moy. Voila dix Loüis que je te donne, en attendant ce que je ne te veux pas dire aujourd'huy.

MME JOBIN. Botez-vous ce soir pour aller chez elle. J'ay joüé mon Rôle, le reste dépend de vous. Ie ne vous recommande point le secret.

LE CHEVALIER. J'y suis plus interessé que toy, n'appréhende rien. Adieu, je me regleray sur le Billet envoyé, & me tireray d'affaires comme je dois.

MME JOBIN. A la fin me voila seule. Il faut profiter de ce moment.

SCENE XV.

MME JOBIN, MR GOSSELIN, MATURINE.

MME JOBIN. Venez, mon Frere. Que dites-vous de mon commerce ? Vous en devez estre instruit.

MR GOSSELIN. J'avoüe qu'il y a icy de grandes Dupes, si un peu d'adresse les sçait éblouïr.

MME JOBIN. Vous n'avez encor rien vû. Venez avec moy, & quand je vous auray montré certaines Machines que je fais agir dans l'occasion, vous me direz si dans la suite de vostre Procés vous ne voudrez vous servir, ny de mon argent, ny de mes Amis.

Fin du Second Acte.

ACTE III.

SCENE I.

LE MARQUIS, MATURINE.

LE MARQUIS. Peut-on voir Mme Jobin ?

MATURINE. Est-ce que vous avez quelque chose de si pressé à luy dire ? Dame, elle a bien des Gens à qui parler.

LE MARQUIS. J'auray patience. Il me suffit de sçavoir qu'elle soit chez elle.

MATURINE. Ils sont cinq ou six là-haut qui attendent à la Porte, & qu'elle fait entrer l'un apres l'autre dans son Cabinet. Elle leur montre-là du plus fin.

LE MARQUIS. On dit qu'elle en sçait beaucoup.

MATURINE. Oh ! il n'y a point de Femme plus habile qu'elle.

LE MARQUIS. J'ay oüy assurer qu'elle ne se trompe jamais.

MATURINE. Elle n'a garde.

LE MARQUIS. Comment ?

MATURINE. Je ne dis rien. Vous n'avez qu'à luy demander ce que vous voudrez.

LE MARQUIS. Elle sçait donc tout ?

MATURINE. Vrayment.

LE MARQUIS. C'est à dire qu'elle a toûjours quelque Diable en poche ?

MATURINE. Elle ne me montre pas tout ce qu'elle a. Je voy seulement un gros vilain Oyseau dans sa Chambre, qui ne manque point à voler sur son épaule dés qu'elle l'appelle. Il luy fourre son bec dans l'oreille pour luy jargonner je ne sçay quoy. Il a un bien laid Langage que je n'entens point ; mais il faut bien qu'elle l'entende elle, car apres qu'ils ont esté ainsi quelque temps, elle n'a plus qu'à ouvrir la bouche pour prédire le passé, le présent, & l'avenir.

LE MARQUIS. Et n'as-tu vû que cela ?

MATURINE. Oh ! bien autre chose. Mais elle ne sçait pas que je l'ay vû.

LE MARQUIS. Et c'est ?

MATURINE. Vous l'iriez dire, & puis on me chasseroit.

LE MARQUIS. Je l'irois dire ?

MATURINE. Voyez-vous, je ne gagnerois jamais autant autre part. Il y a bien des profits avec elle. J'oblige d'honnestes Gens qui sont pressez de la consulter. Je les fais monter avant les autres, & vous sçavez bien, Monsieur….

LE MARQUIS. Ne crains rien de moy. Voila deux Pistoles pour assurance que je ne parleray point.

MATURINE. Vous estes brave Homme, je le voy bien, & il n'y a point de hazard[1] à vous dire tout. Quand elle veut faire ses grandes Magies, elle s'enferme dans un Grenier où elle ne laisse jamais entrer personne. Je m'en fus il y a trois jours regarder ce qu'elle faisoit par le trou de la Serrure. Elle estoit assise, & il y avoit un grand Chat tout noir, plus long deux fois que les autres Chats, qui se promenoit comme un Monsieur sur ses pates de derriere. Il se mit apres à l'embrasser avec ses deux pates de devant, & ils furent ensemble plus d'un gros quart d'heure à marmoter.

---

[1] Hasard: « signifie aussi, Peril, danger » (Furetière).

LE MARQUIS. Voila un terrible Chat.

MATURINE. Ie ne sçay s'il vit que je regardois par la Serrure, mais il vint tout d'un coup se jetter contre la porte, & je la croyois enfoncée, tant il fit de bruit. Ce fut bien à moy à me sauver.

LE MARQUIS. Comment est-ce qu'on t'apelle ?

MATURINE. Maturine, Monsieur, à vostre service.

LE MARQUIS. Ecoute, Maturine. Je suis curieux, & je sçay plusieurs Secrets qui approchent fort de ce que fait Madame Jobin. Elle t'employe & quelque autre encor dans les Magies ? Vingt Pistoles ne tiennent à rien. Je te les vay donner tout presentement, si tu veux m'apprendre de quelle manière....

MATURINE. Je pense, Monsieur, que vous vous moquez. Vous estes secret, & je ne m'aviserois pas de vous rien cacher, si elle m'avoit employée à quelque chose. Mais c'est avec des Paroles qu'elle fait tout, & si vous voulez sçavoir comment, il faut que vous trouviez moyen de faire amitié avec son Chat ; car il n'y a que luy qui le puisse dire.

LE MARQUIS. Tu crains....

MATURINE. Tenez. Voila une Dame qui sort de son Cabinet, demandez-luy si elle en est satisfaite. Je vay cependant luy faire sçavoir qu'on l'attend icy, afin qu'elle dépesche ceux qui sont là-haut.

SCENE II.

Mme NOBLET, LE MARQUIS.

Mme NOBLET. Ah ! Mr le Marquis !

LE MARQUIS. Quoy, c'est vous, Madame ?

Mme NOBLET. Vous voyez comme l'impatience de vous obliger m'a fait passer par dessus tous mes scrupules. Quelque aversion que j'aye euë toûjours pour les Gens qui se meslent de deviner, vous m'avez priée de voir Mme Jobin, & j'ay voulu y venir sur l'heure.

LE MARQUIS. Je vous suis fort obligé.

MME NOBLET. Qui vous auroit crû icy ? Je traversois cette Chambre pour reprendre l'autre Escalier ; sans cela, je ne vous eusse pas rencontré.

LE MARQUIS. Hé bien, Madame, la Devineresse ?

MME NOBLET. Je me dédis. Je croyois bien vous ayder à la convaincre de ne sçavoir dire que des faussetez, mais apres ce que j'ay entendu, il faut se rendre. Elle m'a dit des choses.... Je n'en doute point, il y a là-dessous du surnaturel.

LE MARQUIS. Voila qui va bien. Tout ce que vous estes de Femmes, elle vous fait donner dans le panneau. C'est en quoy consiste son plus grand Charme.

MME NOBLET. La Comtesse d'Astragon a du merite, & j'aurois beaucoup de joye de vous la voir épouser. Le party vous seroit avantageux, & vous sçavez que je l'ay blâmée d'abord de s'arrester à ce que luy a dit Mme Jobin ; mais je trouve présentement qu'elle n'a point tort, & comme vous estes de mes plus particuliers Amis, j'avouë que ce Mariage me causeroit de la peine, tant je suis persuadée sur ses menaces, qu'il ne pourroit que vous rendre malheureux.

LE MARQUIS. A cela pres, je voudrois que Madame la Comtesse voulust m'épouser.

MME NOBLET. Mais n'y a-t-il qu'elle que vous soyez capable de vouloir pour Femme ? Je conçoy qu'il vous sera rude d'y renoncer, mais il faut souffrir quelque chose pour ne pas souffrir toûjours, & si vous m'en croyez, vous irez passer quelque temps à la Campagne. Sa perte vous seroit beaucoup moins sensible si vous vous accoûtumiez à ne la plus voir.

LE MARQUIS. Et le puis-je faire ? Ma plus forte peine vient de ce que la Comtesse me déclare qu'elle ne veut plus souffrir mes visites. Je l'aime trop pour m'en pouvoir séparer.

MME NOBLET. Quand il y a[1] raison pour cela, il faut s'arracher le cœur. Voyez d'autres Gens. N'avez-vous pas des Amies qui vous reçoivent toûjours avec plaisir ? On trouve chez moy assez bonne compagnie. Venez-y souvent. Vous y ferez peut estre quelque Maîtresse qui vous fera oublier celle que vous regretez.

LE MARQUIS. Et que me serviroit de vouloir aimer, puis que si j'en croy vostre impertinente Mme Jobin, les mesmes malheurs qu'elle me prédit avec la Comtesse, me sont infaillibles avec toute autre ?

MME NOBLET. Je vous avouë qu'elle m'embarasse un peu moy-mesme. Elle m'a dit que je serois bien-tost veuve. Il n'y a rien de surprenant en cela. Mon Mary est vieux, & quoy que je le perde avec douleur, il y a un ordre dans la Nature, & suivant cet ordre il doit mourir avant moy ; mais ce que je ne comprens point, c'est qu'elle m'assure que je me remariray, & je ne me sens aucune disposition à rentrer dans le Mariage.

LE MARQUIS. Vous voyez par-là qu'il ne peut y avoir rien de certain dans ce qu'elle dit, car vous n'aurez qu'à ne vous remarier jamais, & voila sa Prédiction avortée.

MME NOBLET. Oüy, mais elle soûtient que j'auray beau faire & qu'il faudra necessairement que ce qu'elle me prédit arrive. Elle ajoûte que je rendray celuy qui m'épousera le plus heureux Homme du monde.

LE MARQUIS. Je le croy, Madame, on ne sçauroit qu'estre heureux avec une aussi aimable personne que vous ; Mais cela n'empesche pas que Mme Jobin ne soit une folle. Je vay vous le faire voir. Supposé que vous m'estimassiez assez pour m'épouser. J'aurois toute sorte de bonheur avec vous, parce que cela est de vostre étoile. Cependant, il est de la mienne de tourmenter une Femme par mes jalousies, de tuer un Homme qui la verra, & d'avoir la teste coupée sur un échafaut. Accordez cela.

MME NOBLET. Mais il n'est pas assuré que je vous épouserois.

---

[1] Le « a » manque dans l'original.

LE MARQUIS.[1] Je dis supposé, Madame, mon peu de merite vous empescheroit sans doute de le vouloir, je me rens justice.

MME NOBLET. Vous sçavez que je n'ay point à m'expliquer là-dessus.

LE MARQUIS. Non, Madame, & je ne le demande pas ; mais enfin ce que je sçay bien qui n'arrivera jamais, pourroit arriver.

MME NOBLET. Eh.

LE MARQUIS. En ce cas, aprés ce que nous a dit Mme Jobin à l'un & à l'autre, il faudroit qu'elle eust menty pour vous ou pour moy.

MME NOBLET. Ecoutez, la fatalité qu'elle trouve attachée à vostre personne n'est peut-estre pas pour toûjours. Elle peut ne regarder que le temps présent, & cela estant, si vous laissiez passer un an ou deux sans vous marier, vous pourriez en suite épouser qui vous voudriez, & ne craindre rien.

LE MARQUIS. Je vous assure, Madame, que je ne crains rien du tout. Peut-on faire cas d'une ignorante ?

MME NOBLET. Pourquoy vous trouvay-je donc icy ?

LE MARQUIS. Je n'y viens pas pour rien sçavoir d'elle, j'y viens pour luy faire voir qu'elle ne sçait rien.

MME NOBLET. Je souhaite que vous en veniez à bout, afin que vous me mettiez l'esprit en repos ; car dans les sentimens où je suis, il me fâche fort d'avoir à me marier encor une fois, & je ne puis m'empescher de croire que cela sera, parce qu'elle m'a dit d'ailleurs mille veritez.

LE MARQUIS. Ne craignez rien. Le bon Homme mort, vous demeurerez Veuve tant qu'il vous plaira, & ce ne sera jamais en dépit de vous que vous prendrez un second Mary.

---

[1] A partir d'ici, jusqu'à la fin de cette scène, il y a « MARQVIS » à la place de « MARQUIS ».

Mme NOBLET. Je le veux croire. Cependant la curiosité m'engage à revoir demain Mme Jobin. Elle m'a donné son heure, & si elle me satisfait autant qu'aujourd'huy, j'auray de la peine à m'en détromper. Mais adieu. Voicy une Dame qui ne veut pas se faire connoistre icy, & je ne veux pas non plus qu'elle me connoisse.

SCENE III.

LA COMTESSE, LE MARQUIS.

LA COMTESSE *avec un autre habit, & se démasquant dés que Me Noblet est sortie.* Je vous ay fait attendre long-temps.

LE MARQUIS. Mme Jobin donne audience là-haut à trois ou quatre Personnes, & nous ne luy aurions pas encor parlé, quand vous seriez venuë aussi-tost que moy. Mais je vous prie, Madame, que vous a dit vostre Amie[1] que nous avons rencontrée en venant icy, & qui vous a fait descendre de mon Carrosse pour vous entretenir dans le sien ?

LA COMTESSE. Ce que je sçay qu'on vous a dit qui vient d'arriver chez la Jobin, touchant l'Avanture du Miroir & de la Dame enflée, dont vous vous estes bien donné de garde de me parler.

LE MARQUIS. J'enrage de vous entendre conter ce qui ne peut estre. Tout ce que vous voyez de Gens vous disent merveille de la Jobin, & je ne trouve personne qu'elle n'ait trompé.

LA COMTESSE. Vous estes son Ennemy, & vous n'apprenez d'elle que ce qu'il vous plaist. Pour moy qui la connois par moy-mesme, je la croy comme si tout ce qu'elle me prédit estoit arrivé.

LE MARQUIS.[2] Mais, Madame, raisonnons un peu. Ce qu'elle dit qui m'arrivera à moy, ne doit m'arriver que par la malignité de

---

[1] La Marquise.

[2] A partir d'ici, jusqu'à la fin de cette scène, il y a de nouveau « MARQVIS » à la place de « MARQUIS ».

l'Astre qui a présidé à l'instant de ma naissance. Mille &
mille autres sont nez dans le mesme instant, & sous le mesme
Astre. Est-ce que tous ces Gens-là doivent ne se marier
jamais, ou[1] sont-ils obligez de tuer un Homme ?

LA COMTESSE. Vous le prenez mal. Il y a une fatalité de
bonheur ou de malheur attachée à chaque particulier, & cette
fatalité ne dépend point du moment de la naissance. Mille
Gens perissent ensemble dans un Vaisseau. Mille autres sont
tuez dans un Combat. Ils sont tous nez sous differentes
Planetes & en divers temps, & il ne laisse pas de leur arriver la
mesme chose.

LE MARQUIS. Je voy bien, Madame, que les raisons ne vous
manqueront jamais pour deffendre vostre incomparable Mme
Jobin. Ah ! si vous m'aimiez….

LA COMTESSE. Je vous aime, & c'est par-là que je resiste à vous
épouser.

LE MARQUIS. Quel amour !²

LA COMTESSE. La complaisance que j'ay de venir encor icy avec
vous, vous[3] en marque assez. Je vay me masquer. Je parleray
Languedocien, & appuyeray le Roman que vous avez inventé.
Si Mme Jobin s'y laisse surprendre, je me rends, & vostre
amour sera satisfait ; mais ie suis fort assurée qu'elle
connoistra que nous la trompons.

LE MARQUIS. J'en doute, à moins qu'elle ne me reconnoisse
pour m'avoir vû tantost en Laquais.

LA COMTESSE. Elle n'a presque pas detourné les yeux sur vous,
& puis, cet ajustement & cette Perruque vous donnent un autre
visage que vous n'aviez.

---

[1] Dans l'original, il y a « où ».

[2] Dans l'original, « amour ! ».

[3] Dans l'original, la virgule est placée ici.

SCENE IV.

MATURINE, LA COMTESSE, LE MARQUIS, Mme JOBIN.

MATURINE[1] *à la Devineresse en entrant.* Voila un honneste Gentilhomme qui vous attend il y a long-temps.

LE MARQUIS *à la Comtesse.* Gardez-vous bien de vous laisser voir.

Mme JOBIN. Je suis fâchée de n'avoir pû descendre plûtost.

LE MARQUIS. Tant de Gens vous viennent chercher de tous costez, qu'en quelque temps que ce soit on est trop heureux de vous parler.

Mme JOBIN. Je voudrois pouvoir satisfaire tout le monde, mais on me croit bien plus habile que je ne suis.

LE MARQUIS. Nous venons à vous, Madame & moy avec une entiere confiance ; car on nous a tant dit de merveilles....

Mme JOBIN. Laissons cela. Dequoy s'agit-il ?

LE MARQUIS. Je suis de bonne Maison, pas tout-à-fait riche. La Personne que vous voyez est la plus considerable Heritiere de Languedoc, je l'ay enlevée. Nous nous sommes mariez. Son Pere me veut faire faire mon Procés. Il cherche sa Fille. Elle se cache. On s'employe pour l'obliger à nous pardonner. On n'en peut venir à bout. Il est question de le fléchir. Vous faites des choses bien plus difficiles. Tirez-nous d'affaires. Il y a deux cens Pistoles pour vous.

LA COMTESSE. La fauto n'es pas tan grando.[2] Lamour fa fairé quado jour de pareillos causos, & vous noü serex pas fachado de nous abé rendut l'ou repaux.

Mme JOBIN. Ce que vous voulez n'est pas entierement impossible.

---

[1] Dans l'original, il y a « MATVRINE ».

[2] Il s'agit véritablement du languedocien, influencé, comme il était souvent le cas, par le français. Voir Truchet, p. 1107n.

LE MARQUIS. Je sçay que le moindre de vos Secrets suffira pour nous. Voila trente Loüis dans une Bourse. Prenez-les d'avance, & nous secourez.

LA COMTESSE. Yeu vous dounaray de moun coustat. Fasex mé ben remetré anbé moun Peire.

MME JOBIN. Il est en Languedoc ?

LE MARQUIS. Il fait ses poursuites au Parlement de Toulouze.

MME JOBIN. Nous le gagnerons. Il faudra peut-estre un peu de temps pour cela.

LA COMTESSE. N'importe.

MME JOBIN. Je vay vous dire ce que vous ferez. Ecrivez-luy.

LA COMTESSE. El deschiro mas Letros sous voulé legi.

MME JOBIN. Quand j'auray fait quelque cérémonie sur le Papier, écrivez. Pourvû qu'il touche la Lettre, vous verrez la suite.

LA COMTESSE. Yeu faray ben quel la touquara.

MME JOBIN. C'est assez.

LE MARQUIS *à la Comtesse*. Que j'ay de joye ! Nous voila hors d'embarras. Madame dira quelques paroles sur le Papier, & avec le temps le Papier touché fera son effet.

LA COMTESSE. Dounay mé promptemen d'aquel Papié.

MME JOBIN. Je vous en apporte dans un moment.

LE MARQUIS[1] *à la Devineresse*. Deux mots, je vous prie, avant que vous nous quittiez. Nous nous sommes mariez par amour. On veut que ces sortes de Mariages ne soient pas heureux.[2] Que pouvons-nous attendre du nostre ?

---

[1] Dans l'original, « MARQVIS ».

[2] Ici il parle non de l'état émotionnel du couple, mais de leurs circonstances (sociales et pratiques).

MME JOBIN *regardant fixement le Marquis.* Assez de bonheur, au moins cela me paroist ; car je m'arreste plus aux traits du visage qu'aux lignes des mains. Je vous en parlerois plus assurément si Madame vouloit se montrer.

LA COMTESSE.[1] Dispensax mé, yeu vous pregué ; yeu ay milo rasous que me deffendon de mé laissa veiré.

LE MARQUIS.[2] En faisant le Charme pour le Papier, n'en pourrez-vous pas faire quelqu'un qui vous découvre ce que je voudrois sçavoir ?

MME JOBIN. Vous serez content, laissez-moy faire.

SCENE V.

LE MARQUIS, LA COMTESSE.

LE MARQUIS.[3] Me tiendrez-vous parole, Madame ? La Devineresse n'a pû deviner. Elle nous croit mariez, & je ne suis plus menacé de perdre la teste.

LA COMTESSE. Nous verrons ce qu'elle dira à son retour.

LE MARQUIS. Elle nous dira qu'il n'y a point de bonheur qui ne nous attende, & vous apportera du Papier charmé. Du Papier charmé ![4] Y a-t-il rien de plus ridicule ?

LA COMTESSE. Je croy qu'il auroit l'effet que nous luy avons demandé, si ce que vous luy avez dit estoit veritable. Mais ne nous réjoüissons point avant le temps. Quand elle aura consulté l'Esprit Familier qu'elle a, je jurerois bien que la tromperie luy sera connuë.

LE MARQUIS. La Jobin a un Esprit Familier !

---

[1] Dans l'original, "COMQESSE".

[2] Dans l'original, « MARQVIS ».

[3] Dans l'original, « MARQVIS ».

[4] Dans l'original, « charmé *!* ».

LA COMTESSE. Elle en a un, & elle ne peut avoir appris que par luy cent choses secretes qu'elle m'a dites.

LE MARQUIS. Et si elle vous apporte du Papier charmé, sans que son Esprit Familier l'ait avertie de la piéce que nous luy faisons ?

LA COMTESSE. Je vous promets alors de me démasquer, de luy faire confusion de son ignorance, & de vous épouser sans aucun scrupule.

LE MARQUIS. Me voila le plus content de tous les Hommes. Mme Jobin est aussi peu Sorciere que moy, & son Esprit Familier n'est autre chose que la foiblesse de ceux qui l'écoutent. Vous l'allez voir. Il me semble que je l'entens.

SCENE VI.

LE MARQUIS, LA COMTESSE, Mme JOBIN.

LE MARQUIS. Hé bien, le Papier ?

MME JOBIN. Qu'en feriez-vous ? Madame n'a point de Pere. Vous ne l'avez ny enlevée ny épousée, & ce qui est davantage, vous ne l'épouserez jamais.

LA COMTESSE. Yeu vous ay ben dit, Monseur, qua quo ero la plus habillo Fenno que ya quesso al mundo.

LE MARQUIS. J'avoüe que je n'ay point enlevé Madame, mais je ne l'épouseray jamais.[1]

MME JOBIN. Non assurément.

LE MARQUIS. Et la raison ?

MME JOBIN. Je ne me suis pas mise en peine de la demander, mais il est aisé de vous la faire sçavoir. Voulez-vous que je fasse paroître l'Esprit qui me parle ? Vous l'entendrez.

LE MARQUIS. Je vous en prie.

---

[1] Il n'y a aucun point d'interrogation dans l'original, seulement un point final.

LA COMTESSE. Pareissé l'Esprit !

MME JOBIN. Afin que vous en souffriez la veuë plus aisément, vous ne verrez qu'une Teste qu'il animera ; mais ne témoignez pas de peur, car il hait à voir trembler, & je n'en serois pas la maîtresse.

LA COMTESSE. Noun pas témougna de peau !

LE MARQUIS *à la Comtesse*. Pourquoy en avoir ? Je seray aupres de vous.

MME JOBIN. C'est faire le Brave à contre temps. Vous pourriez bien avoir peur vous-mesme, & je ne sçay si vous vous tireriez bien d'avec l'Esprit.

LA COMTESSE. Anen, anen, Moussou, yeu nay qué faire ni d'esprit ni de testo, per estré assegurado, car saven tout aissei.

LE MARQUIS. Je remets Madame chez elle, & vous viens retrouver incontinent. Préparez vostre plus noire Magie, vous verrez si je suis Homme à m'épouvanter.

MME JOBIN *seule*. Il y va de mon honneur de bien soûtenir mon Rôle. Voicy un Homme piqué au jeu. Il ne me laissera point de repos si je ne le persuade luy-mesme que je suis Sorciere. Ils sont partis, Mlle du Buisson, vous pouvez entrer.

SCENE VII.

MLLE DU BUISSON, MME JOBIN.

MLLE DU BUISSON.[1] Dites le vray, Mme Jobin, je suis accouruë bien à propos.

MME JOBIN. J'avouë que si vous fussiez venuë un moment plus tard, j'eusse donné jusqu'au bout dans l'enlevement. Comment deviner qu'ils me faisoient piéce ? Je n'avois pas assez examiné le Marquis dans son habit de Laquais pour le reconnoistre en Cavalier. Vous m'aviez dit que vous

---

[1] Dans l'original, il y a « Mlle DV BVISSON » ici et tout au long de cette scène.

accompagneriez la Comtesse quand elle viendroit masquée. Je ne voyois personne avec elle, elle parloit Languedocien. C'estoient bien des choses pour ma prétenduë Magie.

MLLE DU BUISSON. Il faut que ce fâcheux de Marquis l'ait persecutée pour venir pendant que j'estois dehors. J'ay sçeu en rentrant qu'elle avoit changé d'habit, & qu'elle estoit sortie avec luy dans son Carrosse sans aucune suite. Cela m'a donné du soupçon ; je n'ay point douté que ce ne fust pour venir masquée chez vous. Jugez si j'ay perdu temps.

MME JOBIN. Il n'en est que mieux que la chose ait ainsi tourné.

MLLE DU BUISSON. Je tiens le Mariage rompu. Ma Maîtresse n'en veut déja plus recevoir de visites.

MME JOBIN. Ce qu'il y a de plaisant, c'est qu'une Dame me paye pour empescher le Mariage du Marquis, & que le Marquis employe bonnement cette mesme Dame pour me venir éprouver.

MLLE DU BUISSON. Il est tombé en bonne main. Je croy voir quelqu'un. Adieu, je m'échape. Vous aurez toûjours de mes nouvelles dans le besoin.

SCENE VIII.

MME JOBIN, DU CLOS.

DU CLOS. Je vous ay trouvé une admirable Pratique. J'en ris encor, aussi bien que de la Scene de l'enflure, où comme vous sçavez je n'ay pas mal joüé mon Rôle.

MME JOBIN. Et cette Pratique l'amenez-vous ?

DU CLOS. Non, ce ne sera que demain. C'est la plus crédule de toutes les Femmes, & vous n'aurez pas de peine à la duper. Elle a un Amant en tout bien & en tout honneur, comme beaucoup d'autres ; mais elle ne laisse pas de luy donner pension. Cela accommode le Cavalier, qui a cependant une petite amourette ailleurs. La Dame s'est apperçeuë de quelques visites, le chagrin l'a prise, & c'est là-dessus que je luy ay persuadé de vous venir voir. Comme je me suis fait de vos Amis, elle m'a prié de l'amener ; & si vous luy dites, mais d'une maniere où il entre un peu de Diableries, que son Amant ne la trompe point, elle vous croira, & laissera le Cavalier en repos. Il m'a promis un présent si j'en viens à bout, & c'est travailler de plus d'un costé.

MME JOBIN. Nous y penserons. Il suffit que nous ayons temps jusqu'à demain. Ce qui presse, c'est l'Amant de nostre Comtesse d'Astragon. Il vient de partir d'icy avec elle fort surpris d'un tour de Magie qu'il n'attendoit pas. Il va revenir, & il nous embarassera toûjours, si nous ne trouvons à l'éblouïr par quelque chose de surprenant.

DU CLOS. Rien n'est plus aisé. Faisons ce qui épouvanta si fort dernierement ce Cadet Breton qui faisoit tant le hardy.

MME JOBIN. Je croy que nostre Marquis n'en sera pas moins effrayé. Allez préparer tout ce qu'il faut pour cela, aussi bien je voy monter une Dame.

SCENE IX.

MME JOBIN, MME DES ROCHES.

MME DES ROCHES. N'estes-vous pas Mme Jobin ?

MME JOBIN. Oüy, Madame.

MME DES ROCHES. Si vostre visage m'est inconnu, vostre réputation m'est bien connuë.

MME JOBIN. Voyons, Madame, que souhaitez-vous de moy ?

MME DES ROCHES. Une chose qui me tient un peu au cœur, & dont pourtant je ne puis vous parler sans confusion. On dit que vous ne vous meslez pas seulement de deviner, & que vous avez des Secrets tous merveilleux pour conserver la beauté, & mesme pour en donner. Ne me regardez point, je vous prie ; la rougeur que ce discours m'a fait monter au visage en redoubleroit.

MME JOBIN. Demandez-moy autre chose. Comment ne pas regarder une aussi belle Personne que vous ?

MME DES ROCHES. Je sçay que je ne suis pas une beauté achevée ; mais je m'en console. J'ay quelque agrément, un peu d'esprit, des manieres assez enjoüées, & je croy qu'avec cela on peut faire figure dans le monde.

MME JOBIN. Vous ne sçauriez l'y faire mauvaise.

MME DES ROCHES. Enfin je suis contente d'estre comme je suis, & je ne voudrois pour rien me changer avec une autre.

MME JOBIN. Avec une autre ! Vous y perdriez. Je ne connois point de belle Personne qui ne fust ravie de vous ressembler.

MME DES ROCHES. Je ne vous demande pas aussi de me faire devenir plus belle ; mais je vous demande dequoy conserver long-temps ce que vous me voyez d'agrément.

MME JOBIN. Et si je vous donnois dequoy l'augmenter ?

MME DES ROCHES. Quoy, vous le pouvez ?

MME JOBIN. C'est un Secret éprouvé cent fois. Je n'ay pour cela qu'à vous faire changer de peau.[1]

MME DES ROCHES. Changer de peau !

MME JOBIN. Oüy, Madame, changer de peau.

MME DES ROCHES. Changer de peau, Madame, changer de peau ! C'est donc par une Metempsicose ?[2] Changer de peau, mon Dieu ! Je frémis en y pensant, & il me semble déja qu'on m'écorche toute vive.

MME JOBIN. Il y auroit de la cruauté. Mais enfin si vous voulez avoir une peau d'Enfant, unie, délicate, fine, il faut vous résoudre à ce que je dis.

MME DES ROCHES. C'est aux laides à tant souffrir pour devenir belles ; mais pour moy....

---

[1] Comme l'a remarqué Clarke, le processus qu'elle décrit ressemble fort à un gommage moderne (« La Devineresse », p. 229).

[2] Metempsycose: « Passage ou transmigration de l'ame d'un homme dans le corps d'un autre homme, ou d'une beste, lors qu'il vient à mourir » (Furetière).

MME JOBIN. Et qui vous dit, Madame, qu'il faut tant souffrir ?

MME DES ROCHES. Comment, je deviendrois encore plus belle que je ne suis sans rien endurer ?

MME JOBIN. Assurément.

MME DES ROCHES. Eh faites, je vous prie.

MME JOBIN. Toute l'incommodité que vous aurez, sera de demeurer quinze jours dans vostre Chambre sans vous montrer.[1] Vous ne serez pas la seule, j'en connois présentement plus de quatre qui ne sortent point pour cette raison.

MME DES ROCHES. Quinze jours ne sont pas un si long terme.

MME JOBIN. Je vous donnerary d'une Pommade qui fera tomber insensiblement la premiere peau de vostre visage, sans que vous sentiez le moindre mal.

MME DES ROCHES. Donnez-m'en viste. Je la payeray bien.

MME JOBIN. Ma Pommade n'est pas encor achevée. Prenez la peine de revenir dans deux jours. J'en auray de faite.

MME DES ROCHES. Et cette Pommade ne pourroit-elle point me resserrer tant soit peu la bouche ? Car quoy que je l'aye des mieux tailleés, il me semble qu'on ne peut jamais l'avoir trop petite.

MME JOBIN. C'est une des proprietez de ma Pommade.[2] Elle apetisse la bouche, rend l'œil plus fendu, & donne une juste proportion au nez.[3]

MME DES ROCHES. Pour cela, Mme Jobin, vous estes une ravissante Femme. Si j'osois encor vous demander une autre petite chose....

---

[1] Aujourd'hui ceci est le cas pour un lifting (mais non un simple gommage).

[2] Le point final manque dans l'original.

[3] Il est difficile de ne pas penser à la chirurgie plastique moderne en lisant cette description.

MME JOBIN. Dites, Madame, il n'est rien que je ne fasse pour vous.

MME DES ROCHES. Ecoutez, plus on est belle, plus on aspire à estre parfaite. Je chante un peu & je sçay tous les plus beaux Airs de l'Opera. Je voudrois que vous m'eussiez rendu la voix plus douce & plus fléxible que je ne l'ay. Il y a de certains petits roulemens qui sont si jolis, je ne les fais point bien à ma fantaisie.

MME JOBIN. Si vous voulez, je vous feray chanter comme un Ange. Je fais un Sirop admirable pour cela. La composition en est un peu chere, mais vous n'en aurez pas plûtost pris trois mois….

MME DES ROCHES. Faites le Sirop, je ne regarde point à l'argent.

MME JOBIN. Je le tiendray prest avec la Pommade. Il faut seulement prendre la mesure de vostre voix.

MME DES ROCHES. La mesure de ma voix ! Qu'est-ce que cela veut dire ?

MME JOBIN. Cela veut dire qu'il faut que vous me chantiez un Air, afin que selon ce que vostre voix a déja de force & de douceur, j'ajoûte ou diminuë dans la composition du Sirop.

MME DES ROCHES. Je suis un peu enrumée, au moins.

MME JOBIN. N'importe. Quand j'auray entendu le son,[1] je feray le reste.

MME DES ROCHES chante. *Pourquoy n'avoir pas le cœur tendre ? Rien n'est si doux que d'aimer ? Peut-on aisément s'en défendre ? Non, non, non, l'Amour doit tout charmer.*[2] Cela n'est pas tout-à-fait chanté, mais…

MME JOBIN. Vous avez déja beaucoup de talent, & de la maniere que je feray mon Sirop….

---

[1] Dans l'original, il y a « entendu le on ». Cette erreur est signalée par l'éditeur.

[2] Vers de Thomas Corneille, tirés du prologue d'un nouvel opéra de Lully: *Bellérophon* (1679).

SCENE X.

MATURINE, Mme JOBIN, Mme DES ROCHES.

MATURINE. Madame. Voila ce Monsieur qui vous avoit dit qu'il reviendroit.

Mme DES ROCHES. Je vous quitte ; mais vous souviendrez-vous assez du son de ma voix ? Si vous voulez que je revienne chanter…

Mme JOBIN. Non, Madame, je vous ay entenduë assez. *à Maturine.* Dy là-dedans qu'on se tienne prest.

SCENE XI.

Mme JOBIN, LE MARQUIS.

Mme JOBIN. Hé bien, Monsieur, vostre Languedocienne ?

LE MARQUIS. Elle a eu peur. Cela est pardonnable à une Femme. Vous m'avez surpris, je vous l'avouë. Je ne croyois pas que vous pussiez deviner que nous vous trompions, & je trouve cela plus étonnant que si vous nous aviez fait voir vostre Démon Familier.

Mme JOBIN. Il sera toûjours fort malaisé qu'on me trompe. Je pratique certains Esprits éclairez….

LE MARQUIS. Laissons vos Esprits, cela est bon à dire à des Dupes. J'ay couru le monde, & je sçay peut-estre quelques Secrets que vous seriez bien aise d'apprendre. Il est vray que tout ce que je vous ay dit de la Dame Languedocienne, n'estoit qu'un jeu. Elle est Femme d'un Gentilhomme qui est venu icy poursuivre un Procés, & vous avez parlé en habile Devineresse, quand vous avez dit que je ne l'avois ny enlevée ny épousée. Entre nous, par où avez-vous pû le sçavoir ?

Mme JOBIN. Par la mesme voye qui me fera découvrir, quand je le voudray, si ce que vous me dites présentement est vray ou faux.

LE MARQUIS. Vous voulez encor me parler de vos Esprits ? Est-ce avec moy qu'il faut tenir ce Langage ? J'ay cherché inutilement en mille lieux ce qu'on dit que vous faites voir à bien des Gens, & il y a long-temps que je suis revenu de tous ces contes. Je vous parle à cœur ouvert, faites-en de mesme. Avoüez-moy les choses comme elles sont. Je ne suis pas Homme à vous empescher de gagner avec les Sots. Chacun doit faire ses affaires en ce Monde ; & depuis le plus grand jusqu'au plus petit, tous les Personnages qu'on y joüe ne sont que pour avoir de l'argent.

Mme JOBIN. Comment de l'argent ? Pour qui donc me prenez-vous ? Il n'y a point d'illusion dans ce que je fais. Je tiens ma parole à tout le monde, & je la voudrois tenir au Diable, si je luy avois promis quelque chose.

LE MARQUIS. Je le croy. Il faut bien tenir parole aux honnestes Gens. Mais encor un coup, Mme Jobin, avoüez-moy que vostre plus grande science est de sçavoir bien tromper. Je vous en estimeray encor davantage. Je loüeray vostre esprit, & si vous me voulez apprendre vos tours d'adresse, je vous les payeray mieux que ne font les foibles à qui vous faites peur par-là.

Mme JOBIN. C'est trop m'insulter, gardez de vous en trouver mal. Je n'ay aucun dessein de vous nuire ; mais on pourroit prendre icy mon party, & quoy que vous ne voyïez personne on vous entend.

LE MARQUIS. Vous parlez à un Homme assez intrépide. Je me moque de tous vos Diables. Faites-les paroistre, je les mettray peut-estre bien à la raison. (*La Devineresse paroist en furie, marche avec précipitation, regarde en-haut & en-bas, marmote quelques paroles, apres quoy on entend le Tonnerre & on voit de grands éclairs dans la cheminée.*) Quelle bagatelle ! je feray tonner aussi quand il me plaira. Mais il me semble que j'ay vû tomber quelque chose. Encor ? Un bras & une cuisse ?

Mme JOBIN. Il faut voir le reste.

LE MARQUIS. Je le verray sans trembler. (*Les autres parties du Corps tombent par la cheminée.*)

MME JOBIN. Peut-estre. De plus hardis que vous ont eu peur. D'où vient ce silence ? Vous estes tout interdit.

LE MARQUIS. Je ne m'estois pas attendu à cette horreur. Un Corps par morceaux ! Assassine-t-on icy les Gens ?

MME JOBIN. Si vous m'en croyez, Monsieur, vous sortirez.

LE MARQUIS. Moy, sortir ?

MME JOBIN. Ne le cachez point. Vous voila émeu.

LE MARQUIS. J'ay un peu d'émotion, je vous le confesse ; mais elle ne m'est causée que par le malheur de ce Misérable.

MME JOBIN. Puis que son malheur vous touche tant, je veux luy rendre la vie. (*Elle fait signe de la main. Le Tonnerre & les Eclairs redoublent, & pendant ce temps les parties du Corps s'aprochent, se rejoignent, le Corps se leve, marche & vient jusqu'au milieu du Theâtre.*) Vous reculez. Vous baissez les yeux. Vous vous faites une honte de me dire que vous avez peur. Je veux oublier que vous m'avez insultée, & faire finir la frayeur où je vous voy. (*Elle parle au Corps dont les parties se sont jointes.*) Retournez au lieu d'où vous venez, & remettez-vous dans le mesme état où vous estiez avant le commandement que je vous ay fait de paroistre. (*Le Corps s'abysme dans le milieu du Theâtre.*)

LE MARQUIS. Où donc est tout ce que j'ay vû ? Il me semble qu'un Homme a fait quelques pas vers moy, je serois bien aise de luy parler. Qu'est-il devenu ?

MME JOBIN. La voix vous tremble ! Vous m'aviez bien dit que vous estiez intrépide.

LE MARQUIS. J'ay vû des choses assez extraordinaires pour en avoir un peu de surprise ; mais pour de la peur, vous me faites tort si vous le croyez.

MME JOBIN. Vous avez pourtant changé de visage plus d'une fois. Que seroit-ce si je vous avois fait voir ce que vous avez tant cherché inutilement ?

LE MARQUIS. Je vous donne cent Pistoles, si vous le faites.

Mme JOBIN. Vous en mourriez de frayeur.

LE MARQUIS. Je ne me dédis point de cent Pistoles. Si vous pouvez me montrer le Diable, je diray que vous estes la plus habile Femme du monde.

Mme JOBIN. Revenez demain, & faites provision de fermeté.

LE MARQUIS. Quoy, c'est tout de bon ?

Mme JOBIN. C'est tout de bon. Nous verrons si vous soûtiendrez sa veuë. Viendrez-vous ?

LE MARQUIS. Si je viendray ? Oüy. Mais répondez-moy que ma vie sera en sureté.

Mme JOBIN. Elle y sera, pourvû que la peur ne vous l'oste pas.

LE MARQUIS. Ne puis-je amener personne avec moy ?

Mme JOBIN. Non, il faudra que vous soyez seul.

LE MARQUIS. Adieu, Madame, vous aurez demain de mes nouvelles.

Mme JOBIN *seule*. Il y pensera plus d'une fois. S'il vient, il n'est hardy qu'en paroles, & puis qu'il a déja tremblé du Corps par morceaux, le Diable que je prétens luy montrer le fera trembler bien autrement.

Fin du Troisiéme Acte.

ACTE IV.[1]

SCENE I.

LE FINANCIER, LE MARQUIS.

LE FINANCIER. Quoy, Monsieur le Marquis, on vous trouve icy ?

---

[1] Au lendemain.

LE MARQUIS. Pourquoy vous en étonner ? Vous y venez, tout le monde y vient, & j'y viens aussi.

LE FINANCIER. Je suis trop vostre Serviteur, pour ne vous pas dire ce que je sçay. Vous venez chercher la plus grande Coquine qui soit au monde. Elle ne sçait que tromper ; & si je vous avois dit tous les tours qu'elle m'a faits....

LE MARQUIS. Comment ? Et on en publie tant de merveilles !

LE FINANCIER. Oüy, des Dupes comme je l'ay esté jusqu'à aujourd'huy ; mais m'en voila revenu, elle ne m'attrapera de sa vie. Elle est en Ville, je l'attens icy. Si vous avez la patience de demeurer, vous m'entendrez dire de belles choses.

LE MARQUIS.[1] Elle vous a donc fait de terribles pieces ?

LE FINANCIER. Voicy la derniere, il n'y a plus de retour. Un Financier comme moy, estoit un assez bon Oyseau à plumer ; il luy fâchera de m'avoir perdu.

LE MARQUIS. Il vous en a cousté quelques Pistoles ?

LE FINANCIER. Ne paye-t-on pas par tout le droit de Consultation ? Je m'estois mis en teste de me marier, & sur quelque chose que je luy demanday un jour là-dessus, elle s'offrit à me faire voir la Personne que j'épouserois. Elle me donna heure au lendemain, & pris ce temps pour je ne sçay quelles Conjurations qu'elle avoit à faire.

LE MARQUIS. Autre droit pour les Conjurations ?

LE FINANCIER. Le lendemain je ne manquay point à venir chez elle. Je luy laissay marmoter quelques paroles, apres quoy on tira un Rideau qui couvroit un grand Miroir. Je vis paroistre aussitost une grande Femme en habit modeste. Elle estoit jeune, brune, & d'une beauté qui m'éblouït. Voila, me dit la Devineresse, la Personne que vous épouserez. Vous jugez bien que j'examinay attentivement tous ses traits. Il y avoit un

---

[1] Dans l'original, « LE MARQVIS ». Dans cette scène, on utilise « MARQUIS » et « MARQVIS » de façon interchangeable.

grand Cabinet que la Belle ouvrit. Elle en tira cinq ou six Sacs d'écriture, & un moment apres elle disparut.

LE MARQUIS. Quoy, vous vistes effectivement...

LE FINANCIER. Je ne vous puis dire comment cela s'est fait ; mais je ne vous dis rien que je n'aye veu. Je[1] sortis charmé de la belle Brune. Je l'avois sans cesse devant les yeux, & je la cherchay par tout pêdant quinze jours. Enfin estant à l'Amphithéatre de l'Opéra, dans le temps qu'on commençoit le Prologue, deux Femmes vinrent se placer aupres de moy. L'une estoit masquée, & l'autre n'avoit la mine que d'une Suivante. Cette premiere me parut si surprise de voir joüer la Comédie en chantant, que je luy demanday si elle n'avoit jamais veu d'Opéra. Elle me dit qu'elle estoit une Dame de Province, venuë depuis quatre jours à Paris pour un Procés que la mort de son Mary luy avoit laissé. Ce mot de Procés me fit songer à la belle Brune qui avoit tiré tant de Papiers de son Cabinet. C'estoit elle-mesme. Elle osta son Masque, & je vis les mesmes traits qui m'avoient frapé dans le Miroir. Je fis si bien, qu'elle me permit de la remener. Elle logeoit en Chambre garnie, où elle me dit que je serois le seul qu'elle recevroit. J'allay trouver la Jobin, transporté de joye. Je l'obligeay de conjurer ses Esprits, pour sçavoir qui estoit la Dame. On me répondit que c'estoit une Personne tres-riche, dont je gagnerois le cœur par quelques soins obligeans. Je n'épargnay rien, tant j'avois l'amour en teste. Je parlay de Mariage ; on m'écouta, & la chose fut remise apres le Procés vuidé, & un Voyage que je devois faire sur les lieux avec la Dame. Cependant je ne manquois point à consulter tous les jours l'adroite Jobin ; & tous les jours, par le moyen de son Esprit Familier, j'apprenois & j'allois dire à la Dame ce qu'elle pensoit de plus secret. On me demandoit si j'estois Magicien, & cela me faisoit regarder la Devineresse comme un Oracle. Ce fut par la voye de ce prétendu Esprit que je découvris qu'un peu de chagrin que la belle Brune m'avoit fait paroistre un jour, venoit du retardement d'une Lettre de change de deux cens Loüis. Rien ne couste quand on est bien amoureux. Je les laissay le soir sur la Table de la Dame dans

---

[1] Dans l'original, « je ».

une Bourse, avec un Billet qui faisoit connoistre que j'avois deviné son embarras. Grande surpise de me voir si grand Devineur. On trouva mes manieres fort honnestes, & la Lettre de change estant arrivée quatre jours apres, on me força de reprendre mes deux cens Loüis.

LE MARQUIS. Dequoy donc vous plaignez-vous ?

LE FINANCIER. C'estoit une adresse pour faire grossir la somme. En effet, ayant appris il y a six jours par le Démon ordinaire de la Jobin, qu'il ne tenoit qu'à deux mille Ecus payez comptant, de le Diférend qui faisoit plaider la Dame, ne s'accommodast à son avantage, je luy portay les deux milles Ecus. Elle fit quelques façons pour les accepter, me dit qu'elle avoit écrit à ses Receveurs, qui les envoyeroient avant qu'il fust peu, & enfin elle se laissa vaincre à mes prieres. Je ne parle point de quantité de petits Présens gracieusement reçeus. Je croyois trouver trente mille livres de rente avec une belle Personne. Qui auroit fait moins ?

LE MARQUIS. Je voy le dénoüement de la Piece. La Dame aura décampé.

LE FINANCIER. Voila l'affaire. Je viens de chez elle. On m'a dit qu'elle estoit partie de fort grand matin pour la Province, & on m'en a donné ce Billet. Lisez.

LE MARQUIS[1] lit. *Vivez aussi satisfait que je pars contente. Grace à vous, j'ay accommodé avec mes Parties, & n'ayant plus icy de Procés, je vay voir si mes Terres sont en bon état. Ie ne vous dis point ny quand je vous rendray vos deux milles Ecus, ny quand je viendray vous épouser. Qu'a-t-on à dire à un Homme qui devine tout ?*

LE FINANCIER. A un Homme qui devine tout, morbleu.

LE MARQUIS. La Piece est forte.

LE FINANCIER. Elle est sanglante. Jugez de la Science de la Jobin, qui assurément avoit attitré une Friponne pour me duper. Je vay luy apprendre....

---

[1] « LE MARQVIS ».

LE MARQUIS. Ne vous hâtez point. Elle pourroit dire que ce que vous luy reprocheriez, ne seroit qu'un conte. Je viens icy pour une épreuve de Diablerie où je suis fort seûr de l'attraper, & cela joint avec la Dame Plaideuse, fera un effet admirable pour vous & pour moy.

LE FINANCIER. Je croy que tout ce qu'elle fait voir de surnaturel, n'est qu'artifice. Mais je vous l'avouë, j'ay veu des choses qui m'ont fait peur, & je ne sçay si….

LE MARQUIS. J'ay quelque intrépidité là-dessus. Elle me donna hier le divertissement d'un Corps coupé par morceaux.

LE FINANCIER. Le divertissement est beau.

LE MARQUIS. Je fis semblant d'avoir peur, pour l'enhardir à me montrer davantage, & en feignant de détourner la veuë de dessus le Corps, j'en observois tous les mouvemens. Les parties se rejoignirent, & le Corps marcha. Le tour est adroit, & je ne le cõprens pas bien. La frayeur que j'en montray, l'engagea à me promettre qu'elle me feroit voir aujourd'huy le Diable. Je feindray encor de trembler, afin qu'il avance ; car j'ay remarqué un certain trou[1] où je veux empescher qu'il ne s'abîme. Si je le puis une fois tenir au colet, il faudra qu'il chante.[2] C'est pour cela que vous me trouvez icy. Ne paroissez point, je vous en conjure, que je n'aye fait ce que je vous dis.

LE FINANCIER. Je me retire, puis que c'est vous obliger ; mais au moins mes deux milles Ecus…

LE MARQUIS. Ils sont fort en seûreté, vous en avez la Quittance.

SCENE II.

LE MARQUIS, LE CHEVALIER.

LE MARQUIS. Comment, Chevalier, vous à Paris !

---

[1] Sans doute une référence à la trappe.

[2] L'original semble avoir « chan e », sans le t.

LE CHEVALIER. Un Billet de la Marquise que je receus hier sur les deux heures par un Exprés qu'elle m'avoit envoyé, m'a fait revenir si promptement.

LE MARQUIS. On veut qu'elle soit venuë hier consulter Mme Jobin sur vostre chapitre ; qu'elle vous y ait vû dans un Miroir baisant son Portrait.

LE CHEVALIER. Il est vray que je baisois toûjours son Portrait dans ma solitude.

LE MARQUIS.[1] Qu'elle vous ait écrit dans le mesme temps pour vous ordonner de revenir ; qu'un Esprit vous ait porté sa Lettre, & qu'il ait apporté vostre réponse un quart d'heure apres.

LE CHEVALIER. Que m'apprenez vous ? Il est certain qu'a moins qu'estre Diable, on ne sçauroit avoir fait plus de diligence que moy.

LE MARQUIS. Vous croyez donc que c'estoit un Diable ?

LE CHEVALIER. Peut-estre me faites-vous un conte pour vous divertir, mais ce qui est tres-vray, c'est que je baisois le Portrait de la Marquise un moment avant que sa Lettre me fust renduë.

LE MARQUIS. Vous le baisiez. On vous a écrit, & vous avez fait réponse sur l'heure. Je ne sçay plus que vous dire.

LE CHEVALIER. Je ne suis pas moins surpris que vous.

LE MARQUIS. Mme Jobin est de vos Amies. Elle vous dira ce qui en est.

LE CHEVALIER. Je ne sçay si c'est une chose dont je doive chercher à estre éclaircy. Mon principal interest est de sçavoir d'elle si je n'ay point à craindre quelque changement de la Marquise.

---

[1] « LE MARQVIS ». Dans cette scène aussi, on hésite entre « LE MARQUIS » et « LE MARQVIS ».

LE MARQUIS. On m'a dit qu'elle ne tarderoit pas à revenir. Je vay vous laisser l'attendre. Comme il faut que je sois seul pour ce que j'ay à luy dire, je prendray mon heure.

LE CHEVALIER. Si ce n'est que pour moy que vous sortez, je vous quiteray la place.

LE MARQUIS. Non, rien ne me presse, & je seray mesme bien aise de ne luy parler pas si tost.

SCENE III.

MME JOBIN, LE CHEVALIER.

LE CHEVALIER. Ah ! Vous voila, Mme Jobin. Je vous attendois.

MME JOBIN. Hé bien, nostre affaire ?

LE CHEVALIER. Elle ne peut mieux aller. Hier apres vous avoir quittée, je me fis mener en Chaise roulante à deux lieuës d'icy. Les Vitres estoient levées, j'avois le nez couvert d'un Manteau, & il estoit impossible de me connoistre. Le soir approchant, je pris la Poste & allay mettre pied à terre à la Porte de la Marquise. Heureusement, soit pour m'attendre, soit pour regarder, elle estoit à sa Fenestre. Elle m'aperçut, & je luy entendis faire un cry. Je montay en haut, & la trouvay un peu interdite. Elle ne vouloit presque point souffrir que je l'aprochasse, tant elle avoit peur que je ne tinsse de l'Esprit qui m'avoit donné sa Lettre. Mais je la rassuray par mille choses que je luy dis. Mille protestations d'amour suivirent, & si elle me tient parole, il ne me reste plus que trois jours à soupirer.

MME JOBIN. Elle vous épouse ?

LE CHEVALIER. Oüy, son Portrait baisé a fait des merveilles, & elle ne peut trop payer ma fidelité.

MME JOBIN. Je suis ravie que mon adresse vous ait fait heureux.

LE CHEVALIER. Je reconnoistray ce que vous avez fait pour moy. Mais je puis dire que vous avez aussi travaillé pour vous, car cela vous met dans une réputation incroyable. La

Marquise a dit à quelqu'un ce qui s'estoit hier passé chez vous. Ce bruit a couru, & j'ay déja vû quatre ou cinq de mes Amis qui m'ont demandé s'il estoit vray que je fusse hier à vingt lieuës d'icy.

MME JOBIN. N'allez pas les détromper.

LE CHEVALIER. Ce seroit me perdre. Je leur jure à tous que j'estois absent, & que je pris la Poste sur une Lettre que je reçeus à deux heures. Mais adieu, je vous viendray trouver à minuit quand j'auray long-temps à vous parler, car vous avez toûjours tant de Pratique[1]....

MME JOBIN. Vous n'en devez pas estre fâché, je la dois à ce que vous avez publié de moy.

SCENE IV.

MR GILET *avec un habit de Cavalier*, MME JOBIN.

MR GILET. Ah ! Ma chere Mme Jobin, me reconnoissez-vous bien ?

MME JOBIN. Je regarde. Comment ? C'est Mr Gilet ?

MR GILET. En Poil & en Plumes. Avec cet Habit, voyez, ne peut-on pas devenir Mestre de Camp ?

MME JOBIN. Et par delà mesme.

MR GILET. Je n'en trouvay point hier à ma fantaisie chez mon Tailleur. J'ay fait faire celuy-là exprés. Il a travaillé toute la nuit. Voyez-moy par tout. Est-ce là un air ?

MME JOBIN. Admirable, d'un de ces Hommes de Guerre qui se sont trouvez à cinquante Assauts.

---

[1] Dans l'original, « Pratiques » au pluriel, ce qui ne s'accorde pas avec la réplique de Mme Jobin.

Mr GILET. Je m'y feray voir. Franchement l'Habit fait bien le Soldat.[1] Celuy-cy m'inspire une envie de déguaîner…. Je me donne au Diable, à l'heure qu'il est, je tuërois cent Hommes.

Mme JOBIN. Il ne faut pas estre si Brave dés le premier jour.

Mr GILET. J'iray loin, où[2] il n'y aura point de Guerre. Trois ou quatre Sots qui avoient un peu de familiarité avec moy, m'ont dit impertinemment qu'il falloit que je fusse fou de m'estre fait habiller ainsi. J'ay tiré l'Epée, le petit doigt (comme vous me l'avez appris) ferme. Ils m'ont regardé, se sont retirez en feignant de rire,[3] & pas un d'eux n'a osé branler.

Mme JOBIN. Je le croy. Ils n'y auroient pas trouvé leur compte.

Mr GILET. L'Epée est divine. Quel tresor![4] Avec ce petit doigt-là, je défiërois tout un Escadron.

Mme JOBIN. Vous en viendriez à bout ; mais ne laissez-pas de vous moderer jusqu'à ce que vous soyez à l'Armée.

Mr GILET. J'auray bien de la peine à me retenir.

SCENE V.

Mme JOBIN, Mr GILET, LE CHEVALIER.

LE CHEVALIER. Deux mots, je vous prie, pour une chose dont j'aurois oublié de vous avertir. *Il luy parle bas.*

Mme JOBIN. J'y prendray garde.

LE CHEVALIER. En voyez-vous assez bien la conséquence ?

---

[1] Mme de Troufignac éprouve elle aussi certains effets libérateurs en changeant d'habit (voir V. 3).

[2] Il faut probablement lire « ou » à la place de « où ».

[3] L'éditeur indique dans sa liste de corrections, qu'il faudrait mettre un point final après le mot « rire » à la place de la virgule. Mais cette correction semble être elle-même une erreur.

[4] Dans l'original, « tresor *!* ».

MME JOBIN. Il ne me faut pas tant dire.

LE CHEVALIER. Songez-y bien au moins.

MME JOBIN. C'est assez.

LE CHEVALIER. S'il arrivoit par hazard….

MR GILET *au Chevalier*. Pourquoy importuner Mme Jobin, quand elle vous dit que c'est assez ?

LE CHEVALIER. Je vous trouve bon de le demander.

MR GILET *tirant l'Epée*. Ah ! Vous faites l'entendu.

MME JOBIN. Eh ! Monsieur Gilet.

MR GILET. Non, point de quartier, il faut que je l'estropie.

LE CHEVALIER. Comment, venir sur moy l'Epée à la main ? *Il le pousse.*

MR GILET. *Il laisse choir son Epée.* Vous poussez trop fort. Diable, attendez.

LE CHEVALIER *ramassant l'Epée de Mr Gilet.* Il ne faut pas faire l'insolent quand on ne sçait pas mieux se batre que vous.

MR GILET *bas.* Est-ce que j'ay mis mon petit doigt de travers ?

LE CHEVALIER *à Mme Iobin.* Il est heureux d'estre icy, je le traiterois ailleurs comme il le merite, mais je ne veux pas vous faire de bruit. Voila son Epée.

MME JOBIN. Vous m'obligez fort d'en user ainsi.

SCENE VI.

MME JOBIN, MR GILET.

MME JOBIN. Vous ne sçauriez estre sage, Mr Gilet.

MR GILET. J'ay vû l'heure que j'allois estre froté. Je ne sçay comment cela s'est fait, car j'apuyois du petit doigt sous la Garde, d'une fermeté….

MME JOBIN. Ne voyïez-vous pas que je vous faisois signe de reculer ? Il n'avoit garde qu'il ne vous batist.

MR GILET. Pourquoy ?

MME JOBIN. C'est que je luy ay donné une Epée enchantée aussi bien qu'à vous. Il y a trois mois qu'il[1] a la sienne, & les premiers qui en ont battent les autres.

MR GILET. Je sçavois bien que je ne m'estois pas trompé à mon petit doigt. Peste ! Il allongeoit à coup seur, & si j'eusse fait le sot, j'en avois au travers du corps.

MME JOBIN. Vous voyez bien qu'il ne faut pas vous joüer à tout le monde.

MR GILET. A présent que me voila averty, je garderay tout mon courage pour l'Armée. Je pars demain, droit en Allemagne.

MME JOBIN. Vous ferez tres-bien. Quand les Ennemis auroient quelques Epées enchantées, il n'y en a point qui vaillent les miennes.

MR GILET. Adieu, Mme Jobin, jusqu'à ce que vous me voyïez Mestre de Camp.

SCENE VII.

MME JOBIN, MLLE DU VERDIER.

MLLE DU VERDIER. Ce Cavalier m'a fait grand plaisir de vous quitter, car je n'ay qu'un moment à demeurer avec vous.

MME JOBIN. Hé bien, nostre Urne ?

MLLE DU VERDIER. Je viens vous en rendre compte. J'ay ry tout mon saoul d'avoir vû trembler. L'Esprit a fait des merveilles, & Madame ne doute point à présent que vous ne commandiez à tous les Démons.

MME JOBIN. Qu'il faut peu de chose pour duper les Gens !

---

[1] Dans l'original, « qu^eil ».

MLLE DU VERDIER. D'abord que nous sommes entrées dans la Chambre pour nous coucher, nous avons fermé la Porte en dedans & Madame en a mis la Clef sous son Chevest. Nous avons cherché par tout s'il n'y avoit personne caché, & apres avoir visité jusqu'au moindre coin, elle m'a fait la deshabiller. C'est alors que la peur a commencé à nous prendre toutes deux. La sienne estoit double. Elle n'apréhendoit pas seulement la vision des Démons qui devoient venir la nuit dans sa Chambre, elle craignoit que l'Urne ne se cassast pas. Elle ne s'expliquoit pourtant que legerement sur cette derniere crainte, pour ne pas marquer trop d'empressement de voir mourir son Mary. Pour moy je tremblois de manquer mon coup, & cette appréhension me rendoit si interdite, qu'elle n'avoit garde de s'imaginer que j'avois entrepris de faire l'Esprit. Enfin elle se coucha, & voulut que je m'allasse coucher aupres d'elle.[1] Cette nouveauté m'embarassa ; car j'avois accoûtumé de passer la nuit dans un petit Lit dressé tous les soirs aupres du sien. Je n'osay pourtant luy resister. La question fut si nous laisserions de la lumiere. La lumiere nous assuroit en quelque façon, mais nous nous disions en mesme temps que nous mourrions de frayeur en voyant l'Esprit, & que ce seroit bien assez pour nous de l'entendre. Il fut résolu que je l'éteindrois quand je me serois deshabillée. Ma peur cessa par cet ordre. Je fis un nœud coulant à la corde que je tenois preste, & je la passay autour de l'Urne en venant me mettre au Lit. Rien n'est plus plaisant que la maniere dont nous passâmes deux heures, car je crus que pour l'honneur de l'Esprit il falloit le faire attendre. Au moindre bruit que Madame croyoit avoir entendu, nous voila perduës, me disoit-elle tout bas. Je ne répondois qu'en m'approchant d'elle comme à demy morte ; & enfin la voyant tournée de l'autre costé, je tiray la corde. L'Urne tõba, & le bruit de cette chute luy fit faire un cry que j'accompagnay d'un long, *je suis morte*. Elle s'enfonça en même temps dans le Lit. J'en fis autant qu'elle, & aprés une demie heure de palpitations sans nous rien dire, elle me pria d'aller voir en quel état estoit

---

[1] Les connotations homoérotiques de la scène qui est décrite ne sont pas innocentes. Comme les jambes exposées de Mme de Troufignac habillée en homme (voir V. 3), elles y sont surtout là pour émoustiller un public supposé être masculin et hétérosexuel.

l'Urne. Je fus long-temps sans le vouloir faire, & n'y consentis avec un tremblement admirable, qu'à la charge qu'elle me tiendroit d'une main du bord de son Lit. L'Urne estoit entiere. Elle estoit tombée sur des Carreaux, & de là sur le Tapis de l'Alcove ; mais pour le Couvercle, comme il estoit tombé de plus haut, il estoit en deux. Hé bien, me demanda-t-elle avec précipitation, nostre Urne est-elle cassée ? Non, luy répondis-je. Tant-pis, repartit-elle fort tristement. Mais, Madame, ajoûtay-je, le Couvercle en est cassé. Nous sçaurons tantost ce que cela veut dire, me repliqua-t-elle. Voila ce qui est arrivé de l'Urne. Elle viendra vous trouver ce soir, voyez ce que vous aurez à luy dire.

MME JOBIN. Comme il s'agit d'en estre payée, je luy diray que son Mary sera blessé à la teste, & qu'il en mourra.

MLLE DU VERDIER. Ne craignez rien pour l'argent. Elle vous tiendra parole. L'affaire de l'Urne l'a si fort persuadée que vous faites venir des Esprits quand il vous plaist, qu'elle en croiroit voir une douzaine toutes les nuits, si vous luy donnoit sujet de vous plaindre. Des Esprits quand il faut faire payer une debte, sont encor plus Diables que des Sergens.

MME JOBIN. C'est en quoy le Mestier dont me je mesle est admirable

MLLE DU VERDIER. Adieu, je me suis dérobée pour venir icy. Ce soir, le reste.

SCENE VIII.

MME JOBIN, MR GOSSELIN.

MME JOBIN. Maturine.

MR GOSSELIN. Elle estoit là-bas quand je suis monté.

MME JOBIN. Ah ! C'est vous, mon Frere.

MR GOSSELIN. Je viens de parler à mon Procureur, il dit que dans trois ou quatre jours il sera temps de solliciter.

MME JOBIN. Je vous promets de vous trouver des Amis. Vous ne ferez plus scrupule de recevoir du secours d'une Sœur Sorciere ?

MR GOSSELIN. Ne sçavez-vous pas que je suis devenu moy-mesme Sorcier ? J'aiday hier à faire remuer le Corps qui effraya tant vostre Marquis.

MME JOBIN. Il faisoit le Brave, & eut grande peur ; je vois tous les jours de ces Braves-là. Ils parlent bien haut quand il ne faut que parler, mais la moindre vision les épouvante.

MR GOSSELIN. Il veut pourtant voir le Diable. Croyez-vous qu'il vienne ?

MME JOBIN. Il aura repris du courage depuis hier.

MR GOSSELIN. Apres l'avoir vû trembler comme il a fait, je le divertirois bien s'il avoit affaire à moy.

MME JOBIN. Hé bien, faites le Diable pour luy, je m'en fieray plus volontiers à vous qu'à personne.

MR GOSSELIN. Comment, le Diable ?

MME JOBIN. Vous avez la taille merveilleuse pour cela. Un Diable Ragot ne fait pas la moitié de l'impression que vous ferez. Demeurez toûjours icy. Vous gagnerez plus avec moy qu'à estre Procureur Fiscal.

MR GOSSELIN. Quitter ma Charge de Procureur Fiscal pour faire le Diable ?

MME JOBIN. Allez, ce n'est peut-estre pas trop changer d'état.

MR GOSSELIN. Vous m'instruirez quand vous serez seule. Je ne seray point fâché de me réjoüir de vostre Marquis.

SCENE IX.

MME JOBIN, LA GIRAUDIERE.

MME JOBIN. Monsieur de la Giraudiere, me venir voir encor aujourd'huy ?

LA GIRAUDIERE. Mme Jobin, je suis converty. Mes Pistolets retrouvez m'ont fait croire tout ce que je ne croyois point de vous, & l'on ne me sçauroit faire plus de plaisir que de m'en dire du bien.

MME JOBIN. Voila un grand changement.

LA GIRAUDIERE. Comment Diable ! J'apprens tous les jours des choses qui me font voir que vous estes la plus habile de toutes les Femmes. Vous vistes hier une Languedocienne ?

MME JOBIN. Oüy, qui croyoit me duper par une Histoire d'enlevement.

LA GIRAUDIERE. Rien n'est plus surnaturel que d'avoir découvert la tromperie. Avez-vous sçû qui c'estoit ?

MME JOBIN. L'Esprit que j'allay consulter sur sa fausse Histoire, me l'auroit appris si j'eusse voulu ; mais que m'importoit de le sçavoir ?

LA GIRAUDIERE. C'estoit la Comtesse d'Astragon.

MME JOBIN. Quoy ? Je luy dis les choses comme son Amie, & elle se défie de moy ?

LA GIRAUDIERE. Elle est bien éloignée de s'en défier, mais un peu de complaisance pour son Amant....

MME JOBIN. Qu'elle l'épouse, je ne luy en parleray jamais. Je sçay pourtant bien ce qui en arrivera.

LA GIRAUDIERE. Elle est resoluë à n'en rien faire ; & pour vous le témoigner, je dois tantost l'aller prendre pour l'accompagner icy.

MME JOBIN. Qu'a-t-elle à y faire ?

LA GIRAUDIERE. Elle veut vous demander un Secret pour oublier le Marquis.

MME JOBIN. Si elle vient pour cela, je n'ay rien à dire. Il faut la servir.

LA GIRAUDIERE. Il m'a raillé sur mes Pistolets, j'auray une joye qu'on le puisse chagriner.... Mais ma chere Mme Jobin, à présent que me voila convaincu de ce que vous sçavez, j'ay aussi quelque chose à vous demander pour moy.

MME JOBIN. Qu'y a-t-il ?

LA GIRAUDIERE. Je suis un bon gros Garçon qui aime la joye. Rien n'y est si contraire que l'attachement, & ce que je voudrois, c'est que vous me donnassiez un Secret pour estre aimé de toutes les Femmes que je trouverois aimables. Naturellement, je suis le plus inconstant de tous les Hommes. Ne m'en blâmez point, c'est le moyen de n'avoir jamais à soûpirer. A le bien prendre, y a-t-il une vie plus misérable que celle d'un Amant constant ? Pour bien connoistre l'amour, il faut aimer tout, les belles & les agréables, les grandes & les petites, les grasses & les maigres, les brunes & les blondes, les enjoüées & les tristes ; elles ont toutes quelque chose de different dans leurs manieres d'aimer, & c'est cette difference qui empesche qu'on ne s'ennuye en aimant.

MME JOBIN. Vous estes d'assez bon goust.

LA GIRAUDIERE. J'ay la pratique, & connois les Femmes. Il en est qui n'aiment point par fierté, ne voulant pas qu'aucun Homme au monde puisse dire qu'il ait de l'avantage sur elles. Il y en a d'insensibles par nature. Il y en a que rien ne peut faire changer, quand elles ont une fois donné leur cœur. D'autres ont des aversions naturelles pour l'Amant ou pour l'Amour ; & comme la gloire de se faire aimer de toutes ces sortes de Femmes est d'autant plus grande que la chose paroist impossible, c'est pour cela que je vous demande un Secret.

MME JOBIN. Je ne veux pas vous dire que je n'en ay point ; mais comme je ne puis luy donner une entiere force sans conjurer les Esprits les plus difficiles à gagner, cela ne se fait pas tout en un jour, & vous ne vous appercevrez peut-estre de plus de six mois que j'aye obtenu pour vous ce que vous m'engagez à demander.

LA GIRAUDIERE. Mais dans six mois m'assurez-vous que je me feray aimer de toutes les Femmes qui me plairont ?

MME JOBIN. Je vous en assure, & mesme dés aujourd'huy je pourrois vous faire voir quelques-unes de celles dont vous voudrez estre aimé.

LA GIRAUDIERE. Et je vous en prie.

MME JOBIN. Ce qui m'embarasse, c'est que les Esprits qu'il faut que j'employe sont commis à la garde d'un Trésor, où ils voudront peut-estre que vous mettiez quelque grande somme.

LA GIRAUDIERE. Si soixante ou quatre-vingts Loüis que j'ay dans ma bourse les accommodent, ils sont à eux.

MME JOBIN. S'ils n'y songent point, à la bonne heure. Je voudrois ne vous faire rien coûter.

LA GIRAUDIERE. Vous vous moquez, j'ay du bien, & on me voit faire une assez belle dépense pour mes plaisirs. Travaillez pour moy, je n'auray point regret à ma Bourse.

MME JOBIN. Vous verrez des choses qui vous surprendront ; mais comme elles ne seront pas tout à fait terribles, je croy que vous aurez le cœur assez ferme....

LA GIRAUDIERE. C'est mon affaire ; si je m'effraye, tant pis pour moy.

MME JOBIN. Demeurez icy. J'entre là-dedans pour faire une première conjuration, où je ne reçois jamais personne. Je reviens dans un moment.

LA GIRAUDIERE *seul*. Apres avoir traitté si long-temps de Dupes, tous ceux qui voyoient Mme Jobin, me rendrois-je bien moy-mesme sa Dupe ? L'argent demandé pour ses Diables du Trésor, me fait craindre quelque tour d'adresse. Il faut voir, ne fust-ce que par curiosité. Mes Pistolets, & la fausse Languedocienne découverte, sont des choses qui doivent me persuader. J'ay de bons yeux quitte à ne me vanter de rien, si elle me trompe.

MME JOBIN. J'ay fait l'Invocation la plus necessaire, & l'obscurité va regner icy. *Vne nuit paroist.*

LA GIRAUDIERE. Qu'est-ce cy ?

MME JOBIN. Vous avez peur ?

LA GIRAUDIERE. Point du tout. Mais je ne serois pas fâché de voir clair.

MME JOBIN. Voicy la Lune. Comme elle nous preste sa clarté pour tous nos misteres, il faut qu'elle la continuë icy, pendant que je vay conjurer l'Enfer de faire paroistre le Bouc.

LA GIRAUDIERE *voyant paroistre une Figure de Bouc.* Je sçay qu'il est en veneration parmy vous.

MME JOBIN. C'est assez qu'il ait paru. Vous allez voir cinq ou six du nombre des Belles qui vous aimeront. *(Elle prononce un mot inconnu, & il passe une Figure de Caprice.)*[1] Ce n'est pas-là ce que je demande. *(Vn Démon paroist avec une Bourse ouverte.)*[2] Vous voyez pourquoy ils se font prier. Je voulois vous épargner vostre argent, mais….

LA GIRAUDIERE. Cette Bourse ouverte est un langage significatif. Vous sçavez que je leur avois destiné la mienne. La voila.

MME JOBIN. Donnez, ils ne la prendroient pas de vostre main. *(Vne autre Figure paroist icy ayant une Epée à ses pieds.)* Par l'Epée que celuy-cy vous montre sous ses pieds, il vous avertit d'oster la vostre. J'avois oublié de vous dire qu'on ne paroist jamais devant eux l'Epée au costé.

LA GIRAUDIERE. Oster mon Epée ? Ce genre de respect est assez nouveau.

MME JOBIN. Donnez-la moy, je vous en rendray bon compte.

LA GIRAUDIERE. Volontiers ; aussi bien elle me seroit assez inutile contre des Esprits. Sont-ils contens ?

MME JOBIN. Oüy, & vous allez voir quélques Maîtresses que vous aurez. Les Figures qui les suivront vous en feront si clairement connoistre l'humeur,[3] que je n'auray rien à vous

---

[1] Dans l'original, cette parenthèse manque.

[2] Dans l'original, le point final manque.

[3] Chaque femme est suivie d'un objet qui symbolise une partie de sa personnalité.

dire. Regardez. (*Plusieurs Figures de Femmes paroissent icy l'une apres l'autre.*)[1]

LA GIRAUDIERE. Voila une belle Femme & qui ne manque pas d'embonpoint. Il n'y a pas lieu de s'en étonner, la Table qui vient apres elle est bien garnie. Cela marque que la bonne chere ne luy déplaist pas. Tant mieux, nous ferons de bons repas ensemble. Cette autre assez belle, quoy qu'un peu maigre, ne se trouveroit pas mal de ce que la premiere a de trop. Elle doit estre d'un tempérament colere. Ce Lyon le marque.

MME JOBIN. Je vous avois bien dit que vous pourriez vous instruire par vous-mesme.

LA GIRAUDIERE. Que je suis charmé de cette Brune ! Je pense que je seray un peu moins inconstant pour elle que pour les autres. L'Amour[2] qui la suit fait voir qu'elle sçaura bien aimer. C'est l'ordinaire des Brunes, elles aiment presque toûjours fortement. En voicy une que je croy délicieuse. Elle est toute jeune. Les Fleurs luy plaisent. Il faudra luy envoyer des Bouquets. Que d'Instrumens ! Je voy bien que la Musique est son Charme. Tant mieux, j'aime l'Opera ; nous irons souvent ensemble.

MME JOBIN. Et cette Blonde ? Qu'en dites-vous ?

LA GIRAUDIERE. Elle est d'une beauté surprenante. Que j'auray de ioye de m'en voir aimé ! Mais ce ne sera pas pour long-temps ; ce Moulin à vent me la peint legere.

MME JOBIN. Ce Caractere vous fait-il peur ?

LA GIRAUDIERE. Pas tout-à-fait. Rien n'est fâcheux à un Inconstant.

MME JOBIN. Mon génie qui paroist, m'avertit qu'il n'y a plus rien à sçavoir pour moy d'aujourd'huy. Voila vostre Epée que ie vous rends.

---

[1] Dans l'original, la deuxième parenthèse manque, et il y a une virgule à la place du point final.

[2] C'est-à-dire un cupidon.

LA GIRAUDIERE. J'ay vû d'agréables Apparitions, car je ne croy pas que vous prétendiez me faire passer cela pour autre chose.

MME JOBIN. Estes-vous content ?

LA GIRAUDIERE. Je suis tout plein de ce qui a passé devant moy. Adieu, ie vay dire encor merveilles de vous à nostre Comtesse. Je vous l'amene tantost.

MME JOBIN *seule*. La Dame jalouse n'a qu'à me compter ses trois cens Loüis. Tout me favorise dans ce que j'ay entrepris pour elle. Le Marquis épouvanté, la Comtesse resoluë à l'oublier, & la Giraudiere entesté de mon Sçavoir ! Qui en auroit tant esperé tout à la fois ? Je suis fort trompée si le Marquis a l'assurance de revenir. Mais n'importe. Ne laissons pas de tenir le Diable tout prest.

Fin du Quatriéme Acte.

ACTE V.

SCENE I.

MME JOBIN, DU CLOS.

MME JOBIN. Puis que la Dame n'attend que vous pour venir icy, vous n'avez qu'à luy aller dire que je suis seule. Si quelqu'un me vient trouver pendant ce temps-là, vous le ferez attendre un moment dans cette autre Chambre. Rien ne manquera. Maturine est avertie de ce qu'il faut faire, & tout ira comme il faut.

DU CLOS. Vous serez payée largement.[1] C'est une Femme qui s'effraye de rien, & qui croira ce que nous voudrons dés la moindre chose qui l'étonnera.

---

[1] Dans le cas de Mme de Clerimont, c'est Mme Jobin qui rend service à Du Clos (et non le contraire).

Mme JOBIN. Allez donc viste, & me l'amenez. Le Marquis, tout tremblant qu'il a esté du Corps par morceaux, pourroit revenir, & s'il revenoit, je serois bien aise de vous avoir.

DU CLOS. N'avez-vous pas un Diable tout prest ?

Mme JOBIN. D'accord, mais il n'en sera que mieux que vous ayez l'œil à tout. Ce que je trouve plaisant, c'est que nostre Procureur Fiscal qui crioit si haut d'avoir une Sœur Sorciere, prend goust à nostre Magie, & semble ne demander pas mieux que de devenir luy-mesme Sorcier.

DU CLOS. Mais ne hazardez-vous rien à vouloir pousser le Marquis à bout ? Il a interest à détromper la Comtesse, & cet interest le peut rendre plus hardy qu'un autre.

Mme JOBIN. Je l'ay éprouvé. Il s'agit de cent Pistoles qu'il doit me donner, & cent Pistoles ne se gagnent pas tous les jours. La peur le prit hier, & le prendra encor aujourd'huy ; mais quand il s'aviseroit de faire le Brave, nous ne risquons rien. Nostre Diable est un des plus grands qu'on eust pû choisir, & si le Marquis veut mettre l'Epée à la main, il se jettera sur luy, & n'aura pas de peine à le desarmer.[1]

DU CLOS. Faites-luy oster l'Epée avant que le Diable se montre à luy.

Mme JOBIN. C'est une précaution que j'ay euë pour les Esprits qui ont éblouÿ la Giraudiere ; mais si je l'avois avec le Marquis, je craindrois de luy donner du soupçon & de l'enhardir. Mais mettons la chose au pis. Quand nostre Diable seroit découvert, qu'arriveroit-il ? Le Marquis auroit beau le publier, je nierois tout ce qu'il diroit contre moy, & je suis fort assurée que la Comtesse me croiroit plûtost que luy.

DU CLOS. Cela est certain, ou bien il faudroit qu'elle eust vû elle-mesme la tromperie.[2] Mais je vois entrer une assez plaisante

---

[1] Elle anticipe la possibilité de l'épée mais non celle d'un pistolet. Le pistolet représente en quelque sorte la modernité qui triomphe de la vieille superstition.

[2] En effet: il s'agit en fin de compte de ce qu'en pense la Comtesse et non le Marquis.

Figure d'Homme. Parlez-luy tandis que je vous amene la Dame.

SCENE II.

MR DE TROUFIGNAC, MME JOBIN.

MME JOBIN. Que demandez-vous, Monsieur ?

MR DE TROUFIGNAC. Madame Jobin.

MME JOBIN. C'est moy qui suis Mme Jobin.

MR DE TROUFIGNAC. Je viens à vous bien déconforté.

MME JOBIN. Je remedie à bien des malheurs.

MR DE TROUFIGNAC. On me l'a dit. Voyez-vous, je suis Noble de bien des Races dans le Perigord ; mais c'est que je me suis marié depuis un an. J'avois pris pour rien la Fille d'un vieux Procureur du Bourg qui est bien gêtille, afin qu'elle fist tout comme je l'entendrois, & quand ç'a esté fait, elle m'a dit qu'elle ne m'avoit pris que pour faire bonne chere, & se divertir. Elle va à la Chasse, & tire un Fusil des plus hardiment.

MME JOBIN. Il n'y a pas de mal à cela.

MR DE TROUFIGNAC. Non, mais elle a esté à la Chasse de quelques Pistoles que j'avois eu bien de la peine à amasser, & elle m'en a emporté un bon sac tout plein. J'ay fait aller apres elle. On l'avoit veuë sur le chemin de Paris habillée en Homme. J'y suis venu, & je la vis dans les ruës il y a deux jours avec un Juste-au-corps & des Plumes. Je mis viste ma Casaque sur mon nez, afin qu'elle ne me vist pas. Je la voulois suivre, mais il vint tant de Carrosses à la traverse, que je ne la vis plus.

MME JOBIN. Vous l'eussiez arrestée sans les Carrosses ?

MR DE TROUFIGNAC. Je n'eusse eu garde. Elle eust mis l'Epée à la main tout comme un Homme.

MME JOBIN. C'est à dire que vous craignez d'en estre batu ?

MR DE TROUFIGNAC. Non pas, mais je voudrois bien que les choses se fissent avec douceur. Or ne pourriez-vous pas bien la faire venir chez vous par quelque Charme, & luy en donner un autre apres cela, afin qu'elle pust m'aimer ?

MME JOBIN. Pour la faire venir chez moy, quand elle seroit mesme dans le fond du Perigord, je le feray tres-facilement. Mais il faut bien de la cérémonie à changer le cœur des Femmes, & j'ay besoin de temps pour cela.

MR DE TROUFIGNAC. J'auray patience.

MME JOBIN. Puis que cela est, donnez-moy sept piéces d'Or pour les offrir à l'Esprit qui m'amenera vostre Femme.

MR DE TROUFIGNAC. Sept piéces ! Ne seroit-ce point assez de quatre ?

MME JOBIN. Est-ce que vous ne sçavez pas que le nombre de sept est mistérieux ?

MR DE TROUFIGNAC. Je n'y pensois pas. Faites donc bien, voila les sept piéces.

MME JOBIN. Pour montrer que vous consentez au Charme, soufflez trois fois là-dessus. Plus fort. Encor plus fort. Revenez dans quatre jours. Je vous diray en quel état seront vos affaires, & quand j'auray fait venir vostre Femme, je luy feray avaler d'un certain breuvage[1]....

MR DE TROUFIGNAC. Faites-luy en avaler en quantité, j'en ay bon besoin.

MME JOBIN. Je connoistray ce qu'il luy en faut. *seule.* C'est autant de pris. Quand il reviendra, j'inventeray quelque conte qui l'obligera peut-estre à ouvrir encor sa Bourse. Combien de sots me rendent sçavante en dépit de moy !

MR DE TROUFIGNAC *revenant.* Ah Madame ![2]

---

[1] Un philtre d'amour. Mais il est difficile de ne pas penser au poison quand on tient compte du contexte historique de la pièce.

[2] Dans l'original, « Madame *!* ».

MME JOBIN. Qu'est-ce ?

MR DE TROUFIGNAC. Que vous estes habile ! Le Charme que vous venez de faire a operé. J'ay apperçeu ma Femme là-bas, qui parle à vostre Servante.

MME JOBIN. J'estois bien certaine qu'elle viendroit ; mais il ne faut pas vous laisser voir, cela détruiroit le Charme.

MR DE TROUFIGNAC. Je serois bien fâché qu'elle m'eust vû.

MME JOBIN. Hola. Conduisez Monsieur, & le faites sortir par la porte de derriere. *seule.* Le hazard fait des merveilles pour moy. S'il continuë à me favoriser autant qu'il fait depuis quelque temps, je n'auray plus besoin d'Espions.

SCENE III.

MME DE TROUFIGNAC,[1] MME JOBIN.

MME DE TROUFIGNAC. De la maniere qu'on m'a dépeint Mme Jobin, ce doit estre elle que je trouve icy.

MME JOBIN. Vous la voyez elle-mesme.

MME DE TROUFIGNAC. J'ay de grandes choses à vous demander.

MME JOBIN. Que refuse-t-on à un aussi beau Cavalier que vous ?

MME DE TROUFIGNAC. Je ne sçay si vous prétendez railler ;[2] mais de vous à moy, j'ay quelques bonnes fortunes, & de la nature de celles dont beaucoup de gens se tiendroient heureux.

MME JOBIN. Je ne doute pas que vous n'en sçachiez profiter.

MME DE TROUFIGNAC. J'en profite ; mais ce n'est pas tout-à-fait comme je voudrois. Il y a un petit obstacle, & je viens voir si vous le pourrez lever.

---

[1] Mme de Troufignac est déguisée en homme.

[2] En effet: un homme travesti en femme qui fait un compliment à une femme travestie en homme a dû bien faire rire le public.

MME JOBIN. Ce que vous me dites est bien general.

MME DE TROUFIGNAC. Voicy le particulier. Je voy les Belles ; il n'y a rien en cela de surprenant à mon âge. Entre quatre ou cinq dont je ne suis pas hay, il y en a une, maîtresse d'elle, & riche, dit-on, de cent mille Ecus.

MME JOBIN. J'entens. Vous auriez besoin d'un Charme pour la faire consentir à vous épouser.

MME DE TROUFIGNAC. Elle ne demanderoit peut-estre pas mieux non plus que moy. Elle est belle, a de l'esprit, & nous paroissons assez le fait l'un de l'autre ; mais….

MME JOBIN. He bien ?

MME DE TROUFIGNAC. C'est-là le Diable. Si vous devinez ce mais, je croiray que ce que je voudrois qui fust fait pour moy, n'est pas impossible. Voila ma main.

MME JOBIN. Les connoissances qu'on a par-là sont trop imparfaites. J'apprendray plus en faisant vostre Figure. Il faut me dire en quel jour vous estes né.

MME DE TROUFIGNAC. Le quinziéme de Novembre.

MME JOBIN *feignant de tracer des Figures sur ses Tabletes.*[1] La premiere lettre de vostre nom ?

MME DE TROUFIGNAC. Un C.

MME JOBIN. De vostre sur-nom ?

MME DE TROUFIGNAC. Une S.

MME JOBIN. Mon beau Cavalier, de quelque Belle que vous soyez amoureux, venez à moy, il n'y a point de faveurs que je ne vous en fasse obtenir.

MME DE TROUFIGNAC. Et par quel secret ?

---

[1] Dans l'original, il y a une virgule à la place du point final.

MME JOBIN. Les cent mille Ecus ne sont point pour vous, vous estes Femme.

MME DE TROUFIGNAC. J'aime assez cela. Parce que je n'ay encor que du poil folet, je suis Femme. En est-ce là l'air ? Voyez ce Chapeau, cette maniere de tirer l'Epée.

MME JOBIN. Vous avez la meilleure grace du monde à tout cela ; mais vous estes Femme.

MME DE TROUFIGNAC. Vostre Figure n'a pas bien esté.

MME JOBIN *continuant à tracer quelque Figure sur ses Tabletes.* Je vous en diray davantage en l'achevant. Vous estes mariée depuis un an. L'Homme que vous avez épousé est fort Campagnard. Vous ne l'aimez point, quoy qu'il vous ait prise pour rien. Il ne sçait ce que vous estes devenuë, & vous luy avez emporté tout ce que vous avez pû d'argent.

MME DE TROUFIGNAC. Voila ce qu'il faut que le Diable vous ait revelé ; car sans nulle exception, personne ne sçait rien icy de mes affaires. Je loge chez une bonne Dame qui me fait passer pour son Neveu. Je luy ay seulement découvert que j'estois Fille ; mais tout le reste luy est inconnu.

MME JOBIN. Estes-vous content[1] sur vostre mais ?

MME DE TROUFIGNAC. Je tombe des nuës, je vous le confesse. Je ne m'étonne plus si tant de Gens vous mettent si haut. Ils me vont avoir de leur party. Que de merveilles je diray de vous !

MME JOBIN. Je fais des choses qui meritent un peu plus d'étonnement que de vous avoir dit des bagatelles.

MME DE TROUFIGNAC. Je croy que vous pouvez tout, Mme Jobin, faites-moy Homme.

MME JOBIN. Que je vous fasse Homme ?

MME DE TROUFIGNAC. Vous en viendrez à bout, si vous le voulez. Je vous payeray bien.

---

[1] A noter l'accord au masculin.

MME JOBIN. Les cent milles Ecus vous touchent le cœur ?

MME DE TROUFIGNAC. Je hay mon mal basty de Mary, & si j'estois Homme, j'en serois défaite. D'un autre costé il me semble que je ne ferois point mal mes affaires aupres des Belles. Je ne sçay si cet Habit me rend plus hardie à leur en conter, mais elles m'écoutent avec assez de plaisir, & j'enrage de me voir tous les jours en si beau chemin pour demeurer court. La condition des Femmes est trop malheureuse. La Cape & l'Epée, & faites-moy Homme. Aussi bien je n'ay pas envie d'en quitter l'Habit.

MME JOBIN. Je vous écoute pour rire avec vous, car vous estes trop éclairée[1] pour me parler serieusement.

MME DE TROUFIGNAC. C'est de mon plus grand serieux, & je vous jure que de tout mon cœur je voudrois devenir Homme.

MME JOBIN. Je n'en doute pas. Il y en a bien d'autres qui le voudroient comme vous. Que je serois riche avec un pareil Secret !

MME DE TROUFIGNAC. Puis que vous avez découvert ce qui n'est icy à la connoissance de qui que ce soit, rien ne vous sçauroit estre impossible. Je suis enchantée de vostre Science.

MME JOBIN. Quand vous voudrez l'employer pour appaiser la colere de vostre Mary….

MME DE TROUFIGNAC. Il enrage plus d'avoir perdu ses Pistoles que sa Femme.

MME JOBIN. Ecoutez. Vous n'avez point de meilleur party à prendre que de vous remettre bien avec luy. Ferez-vous toûjours la Libertine ![2] Si vous luy voulez donner plus de

---

[1] A noter l'accord au féminin.

[2] Mme Jobin démontre finalement une attitude plutôt conservatrice envers les rapports entre hommes et femmes.

satisfaction que vous n'avez fait,[1] j'ay une Poudre qui le rendra plus amoureux de vous que jamais.

MME DE TROUFIGNAC. Je ne manque point encor d'argent. Quand cela sera, nous en parlerons. Jusques-là je me serviray des Privileges de cet Habit, il me fait mener la vie du monde la plus agréable, & je n'y renonceray qu'à l'extrémité. Adieu, Mme Jobin, je ne vous donne rien aujourd'huy, nous nous reverrons plus d'une fois.

MME JOBIN. Adieu mon beau Cavalier. Prenez garde à ne vous point trop risquer avec les Belles. Il y a des pas dangereux pour vous.

MME DE TROUFIGNAC. On se tire de tout quand on n'est point beste.

MME JOBIN *seule*. Voila une des plus plaisantes rencontres que j'aye encore euë depuis que je me mesle de deviner. Le Mary & la Femme dans le mesme temps !

SCENE IV.

DU CLOS, MME DE CLERIMONT, MME JOBIN.

DU CLOS. Entrez, Madame.

MME DE CLERIMONT. Non, je ne veux point entrer, & je me repens bien d'estre venuë jusques icy. Ah ! Ah !

DU CLOS. Qu'avez-vous ?

MME DE CLERIMONT. J'ay crû voir un Démon tout noir derriere moy, & c'estoit l'ombre de ce Gentilhomme qui descend.

DU CLOS. Remettez-vous. Voila Mme Jobin.

MME DE CLERIMONT. Ah ! Ah ![1] Eh, Monsieur, priez-là de n'approcher pas si pres de moy.

---

[1] La façon dont elle aborde la question me semble assez révélatrice: s'adressant à l'épouse, Mme Jobin parle du problème en termes de la satisfaction sexuelle de l'époux.

DU CLOS. Je me mettray[2] entre vous & elle. Qu'avez-vous à craindre ?

MME DE CLERIMONT. Ses regards m'effrayent. Qu'ils sont horribles !

DU CLOS. C'est une imagination. Elle les a tournez comme une autre. *à Me Iobin*. J'ay dit à Madame que j'estois de vos Amis, & que je vous prierois d'employer toute vostre Science pour luy apprendre ce qu'elle veut sçavoir de vous.

MME JOBIN. Quand vous ne l'ameneriez pas, son merite m'obligeroit à n'épargner rien pour la satisfaire.

MME DE CLERIMONT. Voila qui est bien honneste.

DU CLOS *à Me Iobin*. De vostre mieux pour elle, je vous en conjure. Cest une Femme intrépide, & qui n'aura point de peur, quoy que vous luy fassiez voir de surprenant.

MME DE CLERIMONT[3] *bas*. Que dites-vous, Monsieur ?

DU CLOS. Je dis que vous soutiendrez la veuë des choses les plus effroyables. Ne montrez pas de crainte. Vous seriez perduë.

MME JOBIN. Je voy bien. Madame a l'air d'une Femme fort assurée.

MME DE CLERIMONT. Il est vray. Je n'ay jamais peur de rien. *bas à du Clos*. Comme elle devine tout, elle sçaura que je ne dis pas vray.

DU CLOS. Elle ne devine que les choses qu'on luy demande.

MME JOBIN. Il faut, Madame, que vous me disiez vous-mesme ce que vous souhaitez de moy. N'ayez point de honte, je sçay les Secrets de bien d'autres.

MME DE CLERIMONT. J'aime. Ah !

---

[1] Dans l'original, « Ah ! Ah *!* ».

[2] Dans l'original, « metttray ».

[3] Dans l'original, « CLERIMON ».

MME JOBIN. Voila bien dequoy. Et qui est-ce qui n'aime pas ? Si vous sçaviez comme moy combien de Gens sont attaquez de ce mal, vous seriez bien étonnée.

MME DE CLERIMONT. J'ay crû long-temps qu'on m'aimoit, mais depuis un mois j'ay quelque soupçon qu'on me sacrifie à une Rivale. On prend toutes les précautions imaginables pour m'empescher de le découvrir, & pour me persuader qu'on m'aime toûjours.

DU CLOS *à Me Iobin.* Il vous faut tout dire. C'est que Madame a extrémement du bien, & comme elle sçait qu'il est de l'honnesteté quand on aime que celuy qui en a le plus en donne à celuy qui en a le moins, elle entretient un Carrosse à son Amant, & luy donne dequoy paroistre.

MME JOBIN. Cela est d'une Dame genereuse.

MME DE CLERIMONT. Oüy, mais je ne voudrois pas luy donner dequoy plaire à mes dépens, & si je sçavois qu'il me trompast, je luy retrancherois tout net le quartier que je luy dois.

MME JOBIN. Il seroit bien juste.

MME DE CLERIMONT. Mais aussi je serois fâchée de me broüiller avec luy, s'il estoit vray qu'il n'aimast que moy.

MME JOBIN. L'affaire est fort délicate, & vous faites bien de chercher à vous éclaircir ; car autrement, ou vous servirez de risée à vostre Rivale, ou vous perdrez vostre Amant en vous broüillant avec luy.

MME DE CLERIMONT. C'est raisonner juste.

DU CLOS *montrant Me Iobin.* Madame est une Femme de bon sens.

MME JOBIN. Je vay tout à l'heure vous faire dire la verité.

MME DE CLERIMONT. Et par qui ? Ah je suis perduë, elle va faire entrer quelque Démon. Je m'en vay sortir.

DU CLOS. Gardez-vous en bien. Il vous tordroit le cou à la porte.

MME[1] JOBIN. Qu'avez-vous, Madame ?

MME DE CLERIMONT. Je me trouve mal, & je reviendray une autre fois.

MME JOBIN. Il faut que je vous délasse.[2] Vous estes peut-estre trop serrée dans vostre corps.

MME DE CLERIMONT *faisant signe que Me Iobin n'approche pas.* Eh non ! Ah !

DU CLOS *à Mme Iobin.* N'approchez pas de Madame, elle est si délicate qu'on ne la peut toucher sans qu'on la blesse.

MME JOBIN. Je voy ce que c'est, Madame a peur ; mais qu'elle ne craigne rien. Au lieu de mes Apparitions ordinaires, je vay seulement faire venir la teste de l'Idole d'Abelanecus[3] qui a tant parlé autrefois, & qui luy dira ce qu'elle a envie de sçavoir.

MME DE CLERIMONT. La Teste d'Abelanecus. Une Teste !

MME JOBIN. Apres qu'elle aura parlé, vous n'aurez à douter de rien.

MME DE CLERIMONT. Elle parlera ?

MME JOBIN. Elle parlera.

MME DE CLERIMONT. Et je l'entendray ?

MME[4] JOBIN. Et vous l'entendrez.

MME DE CLERIMONT. Non assurément je ne l'entendray point, car je sors d'icy tout à l'heure. Je n'ay plus ny curiosité ny amour, & je m'en vay vous payer pour m'avoir guerie de tous ces maux-là.

---

[1] Ceci ressemble plutôt à « Mm » dans l'original.

[2] C'est-à-dire desserer les lacets de son habit.

[3] Comme Yarrow et Truchet, je n'ai pas pu trouver la source du nom Abelanecus.

[4] Dans l'original, « Me » (c'est-à-dire « ME » selon les conventions que nous employons ici).

MME JOBIN. Hé ! Madame, quand on est une fois entrée icy, on n'en sort pas comme vous pensez.

DU CLOS. Qu'allez-vous faire ? Vous estes perduë. Des Esprits invisibles sont répandus icy tout autour, & si vous faites affront à tout leur Corps en sortant avant qu'avoir eu réponce d'Abelanecus, ils se montreront peut-estre avec leurs Ongles crochus, & je ne sçay pas ce qui en sera.

MME DE CLERIMONT. Quoy, il faut que j'entende parler le Diable ?

MME JOBIN. Bien des Gens voudroient le voir, qui n'ont encore pû y réussir.

MME DE CLERIMONT. Ils n'ont qu'à venir chez vous.

MME JOBIN. On y vient quelque-fois inutilement. Il ne parle pas pour tout le monde, & il faut bien qu'il vous aime.

MME DE CLERIMONT. Comment, Madame ? Le Diable m'aime ? Je ne veux point estre aimée du Diable.

DU CLOS. Faut-il le dire si haut ? Tout le monde n'a pas son amitié. S'il va se fâcher, où en estes-vous ?

MME JOBIN *à du Clos.* Que vous dit Madame ?

DU CLOS. Qu'elle a beaucoup d'obligation au Diable.

MME JOBIN. Croyez, Madame, qu'il vous servira. Je vay moy-mesme querir la Teste qui doit parler ; car elle ne souffriroit pas qu'un autre que moy l'apportast icy. Je vous avertis qu'il ne faut pas que vous ayez peur. Je ne répondrois pas de vostre personne. *Elle sort.*

MME DE CLERIMONT[1]. Où m'avez-vous amenée ? Je suis à demy morte. Quelle peine de trembler sans qu'il soit permis d'avoir peur ! Comment faut-il faire ?

---

[1] Dans l'original, « CLERIMOT ».

DU CLOS. Songez au plaisir que vous aurez de sçavoir la verité, & de ne point passer pour Dupe. Quand vous aurez entendu la Teste, vous serez certaine de ce qu'il faudra faire.

MME DE CLERIMONT. Oüy, mais la question est de l'entendre sans avoir peur, & c'est ce que je ne feray jamais. Ah, ah, ah. (*Madame Iobin rentre, & on apporte une Table sur laquelle la Teste est posée.*)

DU CLOS. Eh, Madame, ne vous couvrez point les yeux. Le Diable n'est pas si horrible que vous croyez.

MME JOBIN. Approchez, Madame, voicy la Teste en estat de vous parler.

MME DE CLERIMONT. Qu'elle parle, je l'entendray bien d'icy.

MME JOBIN. Si vous pouviez vous résoudre à la caresser, elle en parleroit bien plus volontiers.

MME DE CLERIMONT. La caresser ! Je ne le ferois pas pour tout l'or du monde.

DU CLOS. Je m'en vay la caresser pour vous moy. Comme elle est aise ! Regardez, Madame. (*La Teste se tourne d'elle-mesme à droit & à gauche.*)

MME DE CLERIMONT *tirant à moitié sa main de dessus ses yeux.* Je n'oserois. Ah ! ah ! Mais pourquoy tant craindre ? C'est peut-estre quelque vision.

MME JOBIN. Une vision ! Vous croyez donc que je vous trompe ? Il faut que vous en soyez éclaircie. (*Elle marmote icy quelques mots.*)

LA TESTE. Je t'ordonne de me venir toucher pour voir si c'est vision.

MME DE CLERIMONT. Je suis perduë. Où me sauver ? Que feray-je ?

DU CLOS *à Me de Clerimont.* Madame, pourquoy avez-vous parlé de vision ? Vous vous estes attirée cela.

MME DE CLERIMONT. Je n'en puis plus.

MME JOBIN. Ne tardez pas tant à l'aller toucher. Elle pourroit s'élancer sur vous, & vous en porteriez de terribles marques.

DU CLOS. Venez, Madame, & de bonne grace.

MME DE CLERIMONT. Il m'est impossible de faire un pas.

DU CLOS. Un peu de courage, je vous aideray.

MME DE CLERIMONT. Allons donc, puis qu'il n'y a pas moyen de m'en dispenser. *Elle s'arreste apres s'estre un peu approchée, & dit.* Il n'est pas necessaire d'aprocher plus prés. C'est une Teste effective, & je ne voy que trop bien qu'il n'y a point de vision.

MME JOBIN. Ce n'est pas assez, il faut la toucher.

MME DE CLERIMONT. La toucher !

DU CLOS. Souvenez-vous qu'il ne faut pas avoir peur.

MME DE CLERIMONT. Eh, le moyen de n'en pas avoir ?

DU CLOS. N'en témoignez rien, du moins. (*La Dame estant proche de la Table, la Teste remuë les yeux. La Dame fait un grand cry & recule, du Clos la retient.*)

MME DE CLERIMONT. Ah ! Le mouvement de ses yeux m'a toute effrayée.

DU CLOS. Allons, faites un effort.

MME JOBIN. Mettez la main dessus, il ne vous en arrivera aucun mal. (*La dame avance la main, la retire, touche enfin la Teste, & fait deux pas en arriere avec précipitation.*)

MME JOBIN. Ne reculez pas plus loin. Vous l'avez touchée. Demandez-luy présentement ce qu'il vous plaira.

MME DE CLERIMONT. Quoy, il faut que je l'interroge moy-mesme ?

MME JOBIN. C'est vostre affaire, & non pas la mienne.

MME DE CLERIMONT. Comment faire conversation avec une Teste ?

DU CLOS. Allons, Madame, parlez viste, afin que nous sortions d'icy.

Mme DE CLERIMONT. Faut-il faire un Compliment ?

Mme JOBIN. Non, il faut la tutoyer.

Mme DE CLERIMONT. Dy moy…. Je n'acheveray jamais.

DU CLOS. Voulez-vous sortir sans avoir rien sçeu ?

Mme DE CLERIMONT. Un petit moment, que je me rassure. Dy moy, Madame la Teste, si je suis toûjours aimée de Monsieur du Mont.

LA TESTE. Oüy.

Mme DE CLERIMONT. Aime-t-il Madame de la Jubliniere ?[1]

LA TESTE. Non.

Mme DE CLERIMONT. Et ne va-t-il pas chez elle ?

LA TESTE. Quelquefois, mais c'est seulement pour obliger un Amy.

Mme DE CLERIMONT *avec precipitation.* Je n'en veux pas sçavoir davantage. Tenez, Madame, voila ma Bourse. Adieu, je suis toute hors de moy-mesme. *à du Clos.* Ne me quittez pas, Monsieur, que vous ne m'ayez remise chez moy.

Mme JOBIN *seule.* Pourvû que la Bourse vienne, il importe peu comment. Quelle folle avec sa peur ! Ostez tout cela.

PICARD. Madame, ce Monsieur d'hier qui vous avoit dit qu'il reviendroit, le voila qui monte.

Mme JOBIN. Ostez promptement, & qu'on se tienne prest là-dedans pour faire ce que j'ay dit quand on m'entendra parler. *sèule.* Voicy un coup de partie. Il faut, s'il se peut, en bien sortir.

---

[1] Serait-ce avec Monsieur du Mont que Mme de la Jublinière aimerait se marier après son veuvage?

SCENE V.

MME JOBIN, LE MARQUIS, GOSSELIN *déguisé en Diable.*

LE MARQUIS. Je ne sçay ce que vous avez fait à une Dame qui sort d'icy, mais je l'ay trouvée toute éperduë sur vostre Escalier, & si son Conducteur ne la soûtenoit, elle auroit peine à gagner la porte.

MME JOBIN. Elle a esté curieuse, & il a falu la satisfaire.

LE MARQUIS. J'avouë qu'on a besoin de fermeté avec vous.

MME JOBIN. Il faut que vous en ayez fait provision, puis que vous vous hazardez à revenir.

LE MARQUIS. Vous m'avez si fortement répondu que ma vie ne courroit aucun danger, que je reviens sur vostre parole.

MME JOBIN. Oüy, mais il est certain que vous aurez peur. Songez-y bien pendant qu'il est temps.

LE MARQUIS. Il faut que je vous confesse la verité. Je fus un peu effrayé de ce qui parut hier devant moy. Vous le remarquastes, & la honte qui m'est demeurée de ma foiblesse me fait chercher à la réparer.

MME JOBIN. Vous ne serez peut-estre pas plus ferme aujourd'huy que vous fustes hier. La veuë du Diable est plus terrible qu'un Corps par morceaux.

LE MARQUIS. J'ay promis de vous donner cent Pistoles si vous pouviez me le faire voir, je vous les apporte. Si je tremble, j'auray au moins l'avantage d'avoir vû ce que mille Gens sont persuadez qu'on ne sçauroit voir.

MME JOBIN. Si vous m'en croyez, gardez vostre Bourse. Vous voyez que je ne suis pas interessée.

LE MARQUIS. Est-ce que vous ne pouvez me tenir parole ?

MME JOBIN. Je ne le puis ? Moy ? *Elle fait des Cercles & dit quelques paroles.* Donnez vostre argent. On ne fait pas venir le Diable pour rien.

141

LE MARQUIS. Cela est fort juste. Prenez.

MME JOBIN. Vous allez voir un des plus redoutables Démons de tout l'Enfer. Ne luy marquez pas de peur.

LE MARQUIS. Je feray ce qui me sera possible pour n'en point avoir.

MME JOBIN. Regardez ce Mur. Est-il naturel, bon, dur, & bien-fait ?

LE MARQUIS. Il a toutes les qualitez d'un bon Mur, mais pourquoy me le faire regarder ?

MME JOBIN. C'est par-là que le Diable va sortir, sans qu'il y fasse la moindre ouverture.[1]

LE MARQUIS. J'ay peine à le croire.

MME JOBIN. Allons Madian,[2] par tout le pouvoir que j'ay sur vous, faites ce que je vous diray. Montrez-vous. (*Mr Gosselin commence à paroistre vestu en Diable.*)

LE MARQUIS. Ah ![3] Que vois-je là ?

MME JOBIN. Quoy, vous détournez les yeux ? Si vous voulez, nous finirons-là.

LE MARQUIS. Non, quand j'en devrois mourir de frayeur, je veux voir ce qu'il deviendra.

MME JOBIN. Je le retenois afin qu'il ne pust avancer vers vous. Icy Madian, je vous l'ordonne. Vous reculez dés le premier pas qu'il fait ? J'ay pitié de vous, je m'en vay luy commander de disparoistre.

LE MARQUIS *arrestant Mr Gosselin & luy présentant le Pistolet.* Parle ou je te tuë. Qui es-tu ?

MME JOBIN. Qu'osez-vous faire ? Vous estes perdu.

---

[1] Au lieu de passer par le mur, le Diable va passer par la trappe.

[2] Madian (ou Midian) est un fils d'Abraham. Voir *Genèse* 25.2.

[3] Dans l'original, « Ah *!* ».

LE MARQUIS. Je me connois mieux en Diables que vous. Parle, te dis-je, ou bien tu es mort.

MME JOBIN. (*Il sort des èclairs des deux costez de la Trape.*) Vous allez perir.

LE MARQUIS. Vostre Enfer ridicule ny tous vos éclairs ne m'étonnent pas. Si tu ne parles, c'est fait de toy.

MR GOSSELIN. Quartier, Monsieur, je suis un bon Diable.

LE MARQUIS. Ah fourbe de Jobin, je sçavois bien que je viendrois à bout de t'attraper. Il faut dire la verité, autrement.

MME JOBIN. Laissez-le aller, Monsieur, vous serez content de moy.

LE MARQUIS. Non, je ne le laisse point échaper que je ne sois éclaircy de tout. Veux tu parler ? Je tueray le Diable.

MR GOSSELIN. Eh, Monsieur, je ne suis qu'un pauvre Procureur Fiscal. Que gagneriez-vous à me tuer ?

LE MARQUIS. Le Diable un Procureur Fiscal !

MME JOBIN. Ne faites point de vacarme, je vous en prie. On m'a payée pour empescher votre Mariage, voila pourquoy je cherchois à vous tromper.

SCENE DERNIERE.

LA COMTESSE, LE MARQUIS, LA GIRAUDIERE, MR GOSSELIN, MME JOBIN.

LA COMTESSE. Ah, ah, Mme Jobin, vous trompiez Mr le Marquis.[1] Nous avons tout entendu.

LE MARQUIS. Puis que cela est, Madame, le Diable peut prendre party où il luy plaira, je le laisse aller.

MR GOSSELIN. Si l'on m'y ratrape, qu'on m'étrille en Diable.

---

[1] Elle trompait surtout la Comtesse.

LA GIRAUDIERE *à demy bas*. Madame Jobin, dans six mois nous aurons quelque petite affaire à démesler.

LA COMTESSE. Quelle effronterie !¹ Mettre le desordre parmy les Gens pour attraper de l'argent ?

MME JOBIN. Je rendray tout, ne me querellez point.

LE MARQUIS *à la Devineresse*. Il n'est pas temps de vuider nos comptes.

LA COMTESSE. Il faut que la chose éclate, afin que personne n'y soit plus trompé.

MME JOBIN. Ne dites rien, je ne suis pas si coupable que vous pensez.

LE MARQUIS *appercevant Me Noblet*. Entrez, Madame, vous ne pouviez arriver plus à propos. Ne craignez point de vous voir forcée à un second Mariage. Il n'en faut pas croire la Devineresse, c'est la plus grande fourbe qui fut jamais.

MME JOBIN. Voila bien du bruit pour peu de chose.

LE MARQUIS. Pour peu de chose, vieille Scelerate, apres le désespoir où je suis depuis huit jours ?

MME NOBLET. Comment ? Est-ce que Mme Jobin…

LE MARQUIS. Vous estes de mes Amies, réjoüissez-vous de mon bonheur. Madame la Comtesse est détrompée.

LA COMTESSE. Je venois demander un Secret pour vous oublier, mais il n'y a plus moyen de le vouloir.

LE MARQUIS. Quelle joye pour moy !² Afin de l'avoir entiere, il faut sçavoir qui a payé³ la Devineresse pour me traverser.

MME NOBLET. On l'a payée ? Vous croyez cela ?

---

¹ Dans l'original, « effronterie *!* ».

² Dans l'original, « moy *!* ».

³ Dans l'original, « payée ».

LE MARQUIS. Elle nous l'a confessé.

MME JOBIN *en s'en allant*. Il ne me souvient plus de rien. Voila tout ce que j'ay à vous dire.[1]

LA GIRAUDIERE. Elle se tire d'affaires fort résolument.

LE MARQUIS. Je prendray mon temps. On sçait comment la faire parler.

MME NOBLET. Je cours apres elle. Comme je ne veux jamais la revoir, j'ay quelque reproche à luy faire pour mon compte. *Elle s'en va.*

LE MARQUIS *à la Comtesse*. Hé bien, Madame, avois-je tort de décrier Mme Jobin ?[2]

LA COMTESSE. J'ay esté sa Dupe. Sortons d'icy. Vous aurez toute liberté d'en rire avec moy.[3]

LE MARQUIS. Allons, Madame. Je me tiens assuré de mon bonheur, puis que j'ay eu l'avantage de vous détromper.[4]

FIN.

---

[1] Il est à noter que Mme Jobin ne trahit pas Mme Noblet.

[2] Dans l'original, il y a un point final à la place du point d'interrogation.

[3] Par l'intermédiaire de la Comtesse, les auteurs nous rappellent que le public aussi doit rire de cette histoire. Ainsi, le ton du dénouement reste léger.

[4] Ce n'est pas pour rien que le tout dernier mot de la pièce soit « détromper ». Tout en riant, le public aussi doit être détrompé.

Extrait du Privilege du Roy.

Par Grace & Privilege du Roy donné à Saint Germain en Laye le premier Fevrier 1680. Signé, Par le Roy en son Conseil, TIRCELLE : Il est permis à Claude Blageart ; Imprimeur-Libraire, d'imprimer, faire imprimer, vendre & debiter, pendant le temps de six années, une Comédie intitulée LA DEVINERESSE, OU LES FAUX ENCHANTEMENS, Représentée par la Troupe du Roy. Et defenses sont faites à tous Imprimeurs, Libraires, & autres Personnes, de quelque qualité & condition qu'elles soient, de l'imprimer, faire imprimer, vendre, & debiter, sans le consentement dudit Blageart, ou de ceux qui auront droit de luy, à peine de quinze cens livres d'amende, confiscation des Exemplaires contrefaits, & autres peines portées dans lesdites Lettres de Privilege.

Registré sur le Livre de la Communauté des Libraires & Imprimeurs de Paris, le [ ] Fevrier 1680. Suivant l'Arrest de la Cour de Parlement du 8. Avril 1653. & celuy du Conseil Privé du Roy du 27. Fevrier 1665. Signé ANGOT, Syndic.

Achevé d'imprimer pour la premiere fois le 14. Fevrier 1680.

Bibliographie

Clarke, Jan, *The Guénégaud Theatre in Paris (1673-1680), Volume One: Founding Design and Production* (Lewiston, NY: Edwin Mellen Press, 1998) et *Volume Two: The Accounts Season by Season* (2001)

Clarke, Jan, « *La Devineresse* and the *Affaire des Poisons* », *Seventeenth-Century French Studies* 28 (2006), 221-34

Corneille, Thomas et Jean Donneau de Visé, *La Devineresse ou les Faux Enchantements* dans *Théâtre du XVIIe siècle*, III, éd. par Jacques Truchet et André Blanc, Bibliothèque de la Pléiade (Paris: Gallimard, 1992), 155-241

Corneille, Thomas et Donneau de Visé, *La Devineresse*, Textes littéraires 4, éd. par P.J. Yarrow (Exeter: University of Exeter Press, 1971)

Dubois, E.T., D.W. Maskell et P.J. Yarrow, « L'Almanach de la Devineresse », *Revue d'histoire du théâtre* 32 (1980), 216-19

Lancaster, H. Carrington, *The Comédie Française 1680-1701: Plays, Actors, Spectators, Finances* (Baltimore, MD: Johns Hopkins Press, 1941)

Lebigre, Arlette, *1679-1682, L'Affaire des Poisons* (Bruxelles: Complexe, 1989)

Mandrou, Robert, *Magistrats et sorciers en France au XVIIᵉ siècle* (Paris: Plon, 1968)

Mongrédien, Georges, *Madame de Montespan et l'Affaire des Poisons* (Paris: Hachette, 1953)

Paige, Nicholas, « L'affaire des poisons et l'imaginaire de l'enquête de Molière à Thomas Corneille », *Littératures Classiques* 40 (2000), 195-208

Petitfils, Jean-Christian, *L'Affaire des Poisons: Alchimistes et sorciers sous Louis XIV* (Paris: Albin Michel, 1977)

Poirson, Martial, « Les classiques ont-ils cru à leurs machines? La force du surnaturel dans *La Devineresse ou Les Faux enchantements* (1679) », *Revue d'histoire du théâtre* 56 (2004), 181-94

Prest, Julia, « Silencing the Supernatural: *La Devineresse* and the Affair of the Poisons », *Forum for Modern Language Studies*, Special Issue (octobre 2007)

Ravaisson-Mollien, François, *Archives de la Bastille*, IV-VII (Paris: Durand & Pedone-Lauriel, 1870-74)

Sévigné, Marie de Rabutin-Chantal, marquise de, *Lettres*, II, éd. par Gérard-Gailly, Bibliothèque de la Pléiade (Paris: Gallimard, 1960)

Somerset, Anne, *The Affair of the Poisons: Murder, Infanticide and Satanism at the Court of Louis XIV* (Londres: Weidenfeld & Nicolson, 2003)

Trevor-Roper, Hugh, *The European Witch Craze of the Sixteenth and Seventeenth Centuries* (New York: Harper & Row, 1969)

MHRA Critical Texts

This series aims to provide affordable critical editions of lesser-known literary texts that are not in print or are difficult to obtain. The texts will be taken from the following languages: English, French, German, Italian, Portuguese, Russian, and Spanish. Titles will be selected by members of the distinguished Editorial Board and edited by leading academics. The aim is to produce scholarly editions rather than teaching texts, but the potential for crossover to undergraduate reading lists is recognized. The books will appeal both to academic libraries and individual scholars.

Malcolm Cook
Chairman, Editorial Board

Editorial Board

Published titles

1. *Odilon Redon, 'Écrits'* (edited by Claire Moran, 2005)

2. *Les Paraboles Maistre Alain en Françoys* (edited by Tony Hunt, 2005)

3. *Letzte Chancen: Vier Einakter von Marie von Ebner-Eschenbach* (edited by Susanne Kord, 2005)

4. *Macht des Weibes: Zwei historische Tragödien von Marie von Ebner-Eschenbach* (edited by Susanne Kord, 2005)

5. *A Critical Edition of 'La tribu indienne; ou, Édouard et Stellina' by Lucien Bonaparte* (edited by Cecilia Feilla, 2006)

6. *Dante Alighieri, 'Four Political Letters'* (translated and with a commentary by Claire E. Honess, 2007)

7. *'La Disme de Penitanche' by Jehan de Journi* (edited by Glynn Hesketh, 2006)

8. *'François II, roi de France' by Charles-Jean-François Hénault* (edited by Thomas Wynn, 2006)

10. *La Peyrouse dans l'Isle de Tahiti, ou le Danger des Présomptions: drame politique* (edited by John Dunmore, 2006)

12. *'La Devineresse ou les faux enchantements' by Thomas Corneille and Jean Donneau de Visé* (edited by Julia Prest, 2007)

Forthcoming titles

9. *Istoire de la Chastelaine du Vergier et de Tristan le Chevalier* (edited by Jean-François Kosta-Théfaine)

11. *Casimir Britannicus. English Paraphrases and Emulations of the Poetry of Maciej Kazimierz Sarbiewski* (edited by Piotr Urbański and Krzysztof Fordoński)

13. *'Phosphorus Hollunder' und 'Der Posten der Frau' von Louise von François* (edited by Barbara Burns)

14. *Le Gouvernement present, ou éloge de son Eminence, satyre ou la Miliade* (edited by Paul Scott)

15. *Ovide du remede d'amours* (edited by Tony Hunt)

For details of how to order please visit our website at www.criticaltexts.mhra.org.uk